물어보기 부끄러워 묻지 못한

전국민
세금상식

물어보기 부끄러워 묻지 못한
전국민 세금상식

초판 1쇄 인쇄 2025년 2월 10일
초판 1쇄 발행 2025년 2월 17일

지은이   이병권
펴낸이   이종두
펴낸곳   (주)새로운 제안

책임편집   엄진영
디자인   프롬디자인
영업   문성빈, 김남권, 조용훈
경영지원   이정민, 김효선

주소   경기도 부천시 조마루로385번길 122 삼보테크노타워 2002호
홈페이지   www.jean.co.kr
쇼핑몰   www.baek2.kr(백두도서쇼핑몰)
SNS   인스타그램(@newjeanbook), 페이스북(@srwjean)
이메일   newjeanbook@naver.com
전화   032) 719-8041
팩스   032) 719-8042
등록   2005년 12월 22일 제386-3010000251002005000320호
ISBN   978-89-5533-663-4 (03320)

세금용어부터 세금계산흐름과 절세법까지
아무도 알려주지 않는 세금상식 A to Z

물어보기 부끄러워 묻지 못한

전국민
세금상식

이병권 지음

새로운제안

📑 매일 세금을 내면서 우리는 세금에 대해
얼마나 잘 알고 있는가?

정부의 재정지출은 국민들이 낸 세금으로 이루어진다. 우리나라 세입예산 중 복지지출의 비중은 해마다 증가하고 있다. 앞으로 저성장·저출산·고령화의 급격한 진행에 따라 더 많은 복지비용이 필요하고, 이에 따라 더 많은 세금을 내야 할 거라는 예상은 누구도 부인하지 못한다.

매일 소비하면서 무의식중에 내는 부가가치세를 비롯해서 종합소득세, 양도소득세, 취득세, 상속세, 증여세, 재산세, 자동차세 등 수많은 세금이 납세자인 국민에게는 큰 부담으로 다가온다. 하지만 납세의무는 헌법에 명시된 국민의 기본의무다. 대한민국에서 살아가는 동안 피하고 싶어도 피할 수 없다. 피할 수 없다면 받아들이 되, 적극적으로 대처하면 된다.

젊은 시절 소득과 재산이 적을 때는 큰 부담이 없었지만, 세월이 지날수록 소득과 재산이 증가하고 이에 비례해서 세금부담도 무거워진다. 심지어는 **돈을 벌어서 세금을 내는 건지, 세금을 내기 위해 돈을 버는건지 혼란스러울 정도로 소득과 재산이 어느 정도 있는 사람에게는 그만큼 세금 스트레스가 크다.**

세금이 스트레스인 이유는 세금을 잘 모르기 때문이다. 내 통장에서 세금으로 언제, 얼마나 돈이 나갈지 예측이 안되는데다, 어느 날 갑자기 세금을 내라는 고지서가 날아오면 스트레스가 생길 수밖에 없다. 그러다보니 사람들은 늘 세금에 관해서 궁금한 것이 많고 미래에 닥칠 세금도 막연히 두렵고 공포스럽다. 블로그나 각종 카페에는 하루에도 무수히 많은 세금관련 질문이 올라오고 유튜브에서도 세금관련 영상에 조회수가 많이 달리는 것이 이를 증명한다.

대부분의 사람들은 세금이 중요하다는 생각을 하면서도 어렵다는 이유로 자세히 알려고 하지 않는다. 하지만 이는 잘못된 생각이다. 모든 세금에는 기본적인 과세원리가 있고 구체적인 세금계산법이 있는데, 이를 알면 세금을 미리 예측할 수 있으며 대비할 수도 있다. 그다지 어려운 것이 아니며 한 걸음 더 나아가면 절세도 가능하다.

이제는 세금이 꼭 전문가의 영역이라고 생각하면 안된다. 정보가 넘치다보니 요즈음은 의사가 아닌 일반인들도 기초적인 의학상식을 어느 정도 갖고 있다. 세금정보도 마찬가지다. 과거에 정보가 비대칭인 시대에는 특정 정보를 일부만 독점했지만 지금은 모든 정보가 공유되고 인공지능(AI)이 등장한 시대다. 이제는 직접 찾아볼 필요도 없이 궁금한 모든 것을 AI에게 물어보면 된다. 심지어 세금 계산도 인터넷에서 자동으로 해주는 세상이다.

그런데 **아무리 AI가 친절하고 상세히 설명해주어도 그 말을 이해하지 못하면 무용지물이다.** 세금자동계산기에 자료를 입력해야 하는데, 기본적인 용어조차 모르면 입력이 불가능하다. 즉, **최소한 기본적인 세금용어와 세금계산흐름은 알고 있어야 한다는 뜻이다. 유튜브 영상을 볼때도 전문가가 설명하는 내용을 이해하고 활용하려면 세금에 관한 기본지식 정도는 갖추고 있어야 한다.** 특히 블로그나 유튜브영상에서는 개별 이슈만을 대상으로 제한적인 설명을 하다보니 시청자가 전체적인 흐름과 체계를 몰라서 이해하기 어려운 경우가 많다.

🧮 이 책은 납세자인 대한민국의 국민이라면 꼭 알아야 할 세금교과서다

이 책에서는 납세자인 모든 국민들이 자신이 내는 세금이 어떤 세금이고 어떻게 매겨지는 것인지를 알 수 있게 세금의 기본적인 원리와 흐름을 중심으로 설명했다. 더불어 약간의 절세팁도 제공했다. 사실 아무도 모르는, 나만 아는 절세법은 없으며 절세법의 대부분은 이미 널리 알려진 것이다. 다만 이를 본인의 사정에 맞추어 **본인에게 맞는 절세법으로 활용하려면 스스로 주도적으로 절세법을 고안해야 하는데, 이를 위해서는 어느 정도 세금상식을 알고 전체적인 윤곽을 꿰뚫고 있어야 한다.**

전문가의 조력도 어느 정도의 세금상식이 있을 때 원활한 소통을 통해 더 큰 효과를 기대할 수 있다. 나아가 세금·투자 등 돈이 관련된 재무적 의사결정에서 가장 신뢰해야 할 사람은 본인뿐이다. 조력과 조언은 대가를 지급하고 받는 일종의 컨설팅서비스일 뿐, 모든 재무적 의사결정의 최종 책임은 본인 몫이므로 본인이 알고 결정해야 한다.

아무쪼록 이 책을 통해 모든 국민들이 세금의 기본을 다지고 앞으로 다가올 세금공포와 두려움을 제거하는데 다소나마 도움이 되기를 바란다.

저자 **이병권**

3 CHAPTER
돈을 쓸 때 내는 세금
부가가치세

4 CHAPTER
재산을 가질 때 내는 세금
취득세·재산세·종합부동산세·양도소득세

5 CHAPTER 재산을 물려받을 때 내는 세금
상속세·증여세

CHAPTER
1

대한민국
세금제도의 이해

세금제도의
큰 그림을 들여다 보자

📋 도대체 세금을 내야 하는 이유가 뭔가?

세금제도는 인류역사와 함께 해 왔다. 우리나라의 경우에도 고조선시대에 이미 세금이 존재했으며 삼국시대부터는 좀 더 체계화된 세금제도가 시행된 것으로 알려지고 있다. 세금은 정부가 재정수입을 위해 구성원인 국민으로부터 일방적으로 걷는 돈을 말한다. 즉, 정부(국가·지방자치단체)를 운영하기 위해서는 돈이 들어가는데, 이를 충당하기 위해 징수하는 것이 세금이다.

국가재정도 가정의 살림살이와 마찬가지로 매년 수입예산(세입)과 지출예산(세출)을 짜서 운영한다. 우리나라 세출예산의 73%는 일반행정(22%), 교육(20%), 복지(18%), 국방(13%)에 사용되는데 이를 지출하기 위한 세입예산의 대부분을 세금수입으로 충당한다.

한마디로 세금이 없으면 정부를 운영하기 어렵다는 뜻이며 헌법 제38조에도 "모든 국민은 법률이 정하는 바에 의하여 **납세의무**를 진다" 라고 정하고 있다.

그런데 납세의무가 국민의 기본의무임에도 불구하고 대다수의 사람들은 세금내는 것을 좋아하지 않는다. 아무리 법에 근거해서 세금을 부과해도 조세저항은 있기 마련이며, 특히 세금이 재정에 제대로 사용되지 않고 낭비될수록 납세자의 납세의식은 떨어질 수밖에 없다.

그러나 '돈이 권력'이라는 말이 있듯이 국가를 경영하는 정부의 입장에서는 필요한 곳에 돈을 쓰기 위해서 세금을 많이 걷어야 한다. 결국 적게 내고 싶은 납세자와 많이 걷고 싶은 정부와의 대립관계가 자연스럽게 형성되고 무리한 과세에는 항상 조세저항이 따른다.

앞으로 대한민국은 저출산과 인구고령화 및 성장잠재력 축소에 따라 세입은 줄어드는 반면, 복지수요증가로 세출은 점점 많아질 것이 너무도 분명하다. 더 걷고자 하는 정부와 덜 내려고 하는 국민과의 갈등과 조세저항은 더욱 더 심화될 가능성이 높다. 따라서 현명한 납세자라면 애써 번 소득과 재산을 뺏기지 않고 지켜내기 위해서 지금부터라도 어느 정도의 세금상식을 갖추는 것이 필요하다.

📇 세금은 돈의 흐름을 따라 다니면서 괴롭힌다

근로나 사업 등 다양한 경제활동으로 번 돈을 소득이라고 한다. 돈을 버는 목적은 쓰기 위함인데, 소비하고 남은 돈은 저축이 되어 재산으로 남는다. 그리고 본인이 사망하면 가족에게 이전된다.

세금은 이런 돈의 흐름을 따라서 부과된다. 돈을 벌면 번 돈에 대해 **소득세**를 내야 하며, 소비할 때는 **소비세**가, 그리고 재산을 보유하면 **재산세**가 부과된다. 상속이나 증여로 재산을 이전할 때는 이전받은 자에게 상속세와 증여세가 부과된다.

우리나라에서 부과하는 수많은 세금은 모두 이 3가지 범주에 포함된다.

- 소득세 – (개인) 종합소득세, 퇴직소득세, 양도소득세
  (법인) 법인세
- 소비세 – 부가가치세, 주세, 담배소비세, 개별소비세
- 재산세 – 취득세, 재산세, 종합부동산세, 자동차세, 상속세, 증여세

결국 소득이 없고, 소비를 안하며, 재산도 없는 사람이라면 세금으로부터 완전히 자유로울 수 있다. 그러나 사람이 살아가는데 있어 반드시 필요한 도구가 돈이기 때문에 돈을 안 벌고 안 쓰고, 안 모으는 것은 도저히 불가능하다. 즉, 많고 적음의 차이가 있을 뿐 세금은 누구나 다 내는 것이다.

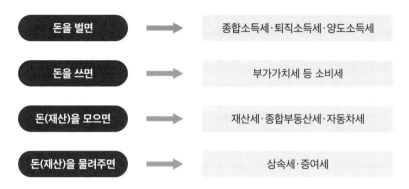

▶ 돈의 흐름과 세금 ◀

돈을 벌면	➡	종합소득세·퇴직소득세·양도소득세
돈을 쓰면	➡	부가가치세 등 소비세
돈(재산)을 모으면	➡	재산세·종합부동산세·자동차세
돈(재산)을 물려주면	➡	상속세·증여세

국세와 지방세는 어떻게 다른가?

세금은 정부가 살림(재정)에 쓰기 위해 필요한 돈을 걷는 것이다. 그런데 정부에는 중앙정부(국가)가 있고 지방정부(지방자치단체)가 있다. 국가가 걷는 세금을 국세, 지방자치단체(시·도·군·구)가 걷는 세금을 지방세라고 한다.

국세는 국가의 살림살이에 쓰기 위한 것인데, 걷은 세금의 51%가 국방, 교육, 복지에 사용된다. 국가가 고용하는 근로자, 즉 공무원 인건비 등 일반행정경비에도 22%가 사용된다.

지방세는 지자체의 살림에 쓰기 위해 광역자치단체(시·도)와 기초자치단체(군·구)에서 걷는 세금이다. 국세와 지방세를 쉽게 구분하는 방법은 세무서에 내는 세금이 국세이고 시·군·구청에 내는 세금이 지방세라고 보면 된다.

> - 국세 - 종합소득세, 퇴직소득세, 양도소득세, 법인세, 부가가치세, 종합부동산세, 상속세, 증여세 등
> - 지방세 - 취득세, 재산세, 자동차세, 지방소득세, 등록면허세 등

直 직접세와 간접세는 무엇이 다른가?

대부분의 세금은 내는 사람이 세금을 부담하는데, 세금을 내는 사람을 **납세자**, 부담하는 사람을 **담세자**라고 한다.

소득세와 재산세는 소득이 있거나 재산을 가지고 있는 사람이 자신의 돈으로 내는 것인데, 이렇게 세금을 내는 납세자와 세금을 부담하는 담세자가 같은 것을 **직접세**라고 한다. 소득자와 재산보유자가 자신의 통장에서 인출한 돈으로 직접 세금을 내는 것이다.

이와 달리 납세자가 담세자가 서로 다른 것을 **간접세**라고 하는데, 주로 소비세가 이에 해당한다. 대표적인 소비세인 부가가치세는 제품을 사거나 서비스를 제공받기 위한 소비지출금액에 부과된다. 우리가 평소에 편의점에서 물건을 사거나 식당에서 음식을 먹을 때 결제하는 금액에는 항상 10%의 부가가치세가 붙는데, 이는

결국 소비자가 부담하는 세금이다.

하지만 그 세금을 세무서에 내는 사람(납세자)은 해당 사업장에서 돈을 받은 편의점과 식당의 사장님이다. 결국 물건이나 서비스를 산 소비자가 부담한 세금인데도, 그 세금을 내는 사람은 매출한 사람이다. 술값에 포함된 주세나 담배값에 포함된 담배소비세, 제품가격에 포함된 개별소비세도 모두 마찬가지로 간접세에 해당한다.

우리나라 전체 세금 중 간접세가 차지하는 비중은 40%내외인데, 간접세는 세금을 징수하는 정부의 입장에서는 매우 편리하고 좋다. 가격에 포함시켜 세금을 받으니 세금을 부담하는 소비자는 세금을 낸다는 느낌조차 없어서 조세저항을 줄일 수 있다. 소비자는 자신이 세금을 낸다는 생각을 전혀 하지 못한다.

하지만 모든 세금징수에 적용돼야 하는 중요한 원칙인 공평과세에는 어긋난다. **공평과세**란 누구나 똑같이 세금을 내는 것이 아니라, 능력에 비례해서 세금을 내야 한다는 원칙을 말한다. 그래서 대부분의 세금은 소득과 재산이 많을수록 이에 비례해서 더 높은 세율을 적용한다.

그런데 간접세는 누구에게나 일률적으로 정해진 세율(부가가치세는 10%)을 적용하므로 공평과세의 원칙에 어긋난다. 1만 원짜리 비빔밥에도 10%, 20만 원짜리 뷔페에도 똑같이 10%가 부과되는 것인데, 이렇게 하면 소비지출이 많은 부유층에게는 상대적으로 유리하고 서민에게는 그만큼 불리할 수밖에 없다.

📟 내가 신고해야 하는 세금이 있고 정부가 부과하는 세금이 있다

과거 왕조시대의 세금은 부과징수방식이었다. **부과징수방식**이 란 세금액수를 국가가 결정하는 것을 말한다. 즉, 백성이 내야 할 세 금을 국가가 정해주고 이를 걷어가는 방식이었다. 하지만 현재 민 주주의 국가에서 걷는 대부분의 세금은 신고납부방식인데, 이는 세 금을 납세자가 스스로 계산해서 자발적으로 내는 방식이다.

신고납부방식은 국가의 일방적인 부과가 아니라 납세자 스스로 자발적으로 신고·납부하는 것이므로 조세저항을 줄일 수 있다. 종 합소득세와 양도소득세, 법인세, 부가가치세 등 거의 모든 세금은 납세자가 신고를 하면 신고한대로 세금이 확정된다. 세금결정권을 국가가 아닌 납세자에게 주는 것이다.

그런데 이렇게 세금결정권을 납세자에게 주면 납세자가 이를 악용해서 의도적으로 세금을 줄여 신고할 가능성이 있다. 그래서 경정이라는 제도로 이를 보완하고 있다.

경정(更正)이란 "바르게 고친다"는 뜻으로 납세자의 신고내용 중 오류나 탈루(소득을 축소하는 등 누락시키는 것)가 있을 때 이를 바로 잡 아 추가로 세금을 물리는 절차(추징(추가징수)이라고 한다)를 말한다. 국 세청에서는 납세자가 신고한 내용을 전산으로 분석하고 검증해서 소득의 탈루혐의가 있는 경우 추가조사(소명요구나 직접조사)를 통해 경정처분을 내린다. 이런 경우 누락된 세금 외에 벌금 성격의 **가산세**도 같이 고지된다.

그러므로 신고납부방식이라고 해서 함부로 세금을 줄여서 신고하면 안된다. 더구나 지금은 모든 부의 이전이 현금이 아닌 전자적인 수단(계좌이체, 카드사용, 전자세금계산서발행 등)을 통해 이루어지므로 개인이나 법인이 1년 동안 얼마를 벌었고, 얼마를 쓰는지, 재산은 어떤게, 얼마나 있는지 등을 파악할 수 있는 국세청의 과세인프라가 워낙 잘 구축돼 있어서 신고를 누락하기가 쉽지 않다.

국세의 대부분은 신고납부방식이다. 따라서 세금결정권이 납세자 본인에게 있으므로 정확히 신고하는 것이 매우 중요하다. 무엇보다 탈세가 적발돼서 경정처분을 받고 가산세폭탄을 맞는 일이 없어야겠지만, 잘 몰라서 실제 내야 할 세금보다 더 많이 내서도 안된다. 가산세부과를 미리 예방하고 세금이 불필요하게 새나가지 않도록 관리하는 것이 **절세**의 기본이다.

단, 여전히 부과징수방식인 세금이 있는데, 그 대표적인 세금이 상속세와 증여세다. 이 두 가지 세금을 신고납부방식으로 하기 어려운 이유는 상속·증여재산의 대부분이 부동산과 주식인데, 이들 재산을 실제가치보다 낮추어 신고하거나 재산을 숨겨놓거나 미리 증여하는 경우가 많아서 납세자가 신고한대로 인정하기 어렵기 때문이다.

특히 일정 규모 이상의 고액 재산을 상속하거나 증여하는 경우에는 정부가 정밀한 조사과정을 거쳐서 결정할 수밖에 없다. 다만, 상속과 증여사실을 국세청에서 알기 어렵기 때문에 납세자(상속·증여받은 자)는 반드시 신고를 해야 한다. 그러나 납세자가 신고하고 납부했다고 하더라도 그대로 세금이 확정되는 것이 아니라 이후 조사과정을 거쳐 최종적인 세금을 국세청이 확정하는데 이를 **결정**이라고 한다.

한편, 지방세에 속하는 세금은 취득세만 신고납부방식일 뿐, 모두 부과징수방식이다. 부동산과 자동차 등 재산보유자는 세금신고를 하지 않아도 지자체가 매년 정해진 가격기준(공시가격 등)에 따라 계산된 세금을 고지한다. 이런 세금은 납세자가 세금을 결정하는

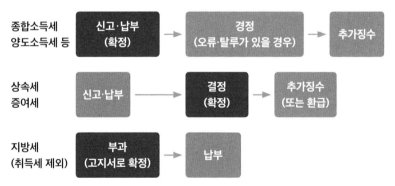

▶ 세금결정방식(신고납부방식과 부과징수방식)의 차이 ◀

| 종합소득세 양도소득세 등 | 신고·납부 (확정) | → | 경정 (오류·탈루가 있을 경우) | → | 추가징수 |

| 상속세 증여세 | 신고·납부 | → | 결정 (확정) | → | 추가징수 (또는 환급) |

| 지방세 (취득세 제외) | 부과 (고지서로 확정) | → | 납부 |

▲ 신고납부방식은 납세자가 신고·납부한대로 세금이 확정되지만 이후 탈루된 세금이 드러날 경우 경정을 통해 추징한다. 부과징수방식은 납세자가 신고·납부하더라도 그대로 확정되는 것이 아니라 신고이후 국세청이 조사해서 결정해주는 방식이다. 대부분의 지방세는 고지서로 부과해서 징수하는 것이므로 고지된대로 내기만 하면 된다.

것이 아닌데다, 납부기한까지 안내면 가산세가 추가되므로 고지서에 정해진 납부기한에 맞춰 세금을 내는 것이 최선이다.

🖩 세무신고를 남에게 맡길 때는 리스크가 있다

신고납부방식이 제대로 운용되기 위해서는 납세자의 신고능력과 납세의식(성실신고의지)이 전제돼야 한다. 즉, 성실하게 신고하려는 의지는 물론 종합소득세나 양도소득세, 부가가치세, 상속·증여세 등을 제대로 신고하려면 관련 세금에 대한 지식이 있어야 한다. 하지만 대부분의 국민은 세금을 잘 모르기 때문에 세무사·회계사 등 세무대리인에게 세금신고를 맡긴다.

세무대리인을 세정협력자라고 부르는 이유는 이들 전문가를 통해 신고한 경우 세금지식이 없는 납세자가 직접 신고한 것보다 신고의 정확성과 성실도가 높아서 그만큼 신고 이후에 검증해야 할 국세청의 부담을 덜어주기 때문이다.

그러나 납세자의 입장에서는 대리에 따른 비용부담이 발생한다. 세무대리에 따른 비용도 세금에 추가되는 일종의 납세비용이다. 내야 할 세금이 300만 원인데 세무신고보수가 200만 원이라면 결국 500만 원이 세금납부비용으로 지출되는 셈이다.

이런 납세비용을 줄여주기 위해 국세청에서는 납세자가 비용부담없이 셀프신고를 하기 쉽도록 **홈택스**Home Tax시스템을 구축해 놓았다. 하지만 이조차도 기본적인 세금용어와 세금계산 흐름을 모르면 사용하기 쉽지 않다.

아울러 세법에서는 매출이 적은 사업자는 **추계신고**를 할 수 있게 했다. 추계신고는 사업자가 쓴 경비지출액에 대해 일일이 장부기장을 안해도 되기 때문에 소득세 계산이 매우 간단하다. 따라서 기본적인 세무용어만 알면 홈택스에 들어가서 얼마든지 본인이 직접 신고할 수 있다.

그러나 매출이 많은 사업자는 장부기장을 해야 하므로 세금뿐 아니라 회계도 알아야 한다. 그래서 어쩔 수 없이 기장과 세금신고를 같이 의뢰할 수밖에 없는데, 이 경우에도 어느 정도는 세금지식이 필요하다.

왜냐하면 "과연 내가 지출한 경비가 빠짐없이 처리되고 내가 신고하는 것처럼 꼼꼼하게 챙겨서 신고할까"라는 의문이 생기기 때문이다. 무조건 맡기고 내라는 대로 낼 것이 아니라 사업과정에서 내가 주고 받은 지출증빙이 어디에, 어떤 용도로 사용되며 최종적인 세금결정과정에서 어떤 영향을 주는 지를 알아야 절세도 가능하다.

세금계산은 비록 남이 대신했지만 그 세금은 결국 내 통장에서 빠져나갈 돈이며, 혹시 대리인의 실수로 신고에 오류가 있을 경우 그에 따른 손실과 책임은 전적으로 납세자인 내가 떠안아야 하기 때문이다.

사업자가 아니어도 양도소득세나 상속세·증여세를 신고해야 할 경우 이런 재산관련 세금은 재산금액에 비례해서 신고대리보수를 받다보니 그 부담이 만만치 않은 경우가 많다. 특히 상속세 신고대리의 경우 세무대리인마다 그 보수가 천차만별인데, 상속받은 재산은 의뢰인이 힘들여 번 돈이 아니다 보니 신고대리보수를 다소 높게 받는 경우가 많다. 상속재산이 10억 원~20억 원만 돼도 보수가 300만 원~1,000만 원까지 다양하다.

하지만 물려받은 재산이 단순(아파트나 예금)한 경우에는 신고가 그리 힘들지 않으므로 굳이 이런 비용을 지급하면서 대리인을 통해 신고할 필요는 없다. 왜냐하면 과거에 홈택스가 없을 때는 직접 신고하는 것이 불가능했지만 지금은 단순한 양도나 상속·증여건은 스스로 신고해도 좋을만큼 사용하기 쉽게 홈택스가 잘 구축돼 있기 때문이다. 홈택스를 이용해서 직접 신고할때는 관련 세금의 기본용어와 세금계산흐름만 알면 된다. 해당되는 칸에 해당되는 금액을 입력하면 자동으로 세금이 계산되고 관련 증빙만 업로드하면 끝이다.

그럼에도 불구하고 자신이 없다면 대리인에게 맡겨야 한다. 하지만 이런 경우에도 세금상식은 필요한데, 그 이유는 홈택스에서 내야 할 세금을 미리 계산해 볼 수 있기 때문이다. 관련 금액만 입력하면 세금을 자동으로 계산해주기 때문에 대략 어느 정도 세금이 나올지를 미리 알 수 있다. 또한 신고에 필요한 자료를 제공하는 과정에서 세무대리인과의 소통을 원활하게 하기 위해서도 기본적인 세금상식이 있어야 한다.

나아가 모르는 사람에게만 먹히는 공포마케팅도 차단할 수 있다. 극히 일부이겠지만 불필요한 자료를 요구하는 등 신고 작업에 시간이 많이 걸린다는 이유로 또는 세무조사의 공포를 유발해서 많은 비용을 청구하는 경우도 있기 때문이다.

결국 대리인에게 의뢰하더라도 무작정 맡기기 보다는 납세자가 어느 정도는 알고 맡겨야 안전하다는 뜻이며 이런 이유때문에 납세자인 모든 국민에게 세금상식이 필요하다.

📟 나이들수록 세금부담은 더 무겁게 다가온다

나이를 먹을수록 세금부담이 점점 더 무거워진다. 젊은 시절 소득이 별로 많지 않을 때는 큰 부담없던 세금이 세월이 지나면서 직급이 올라가고 사업규모가 커질수록 무거움이 더욱 더 가중된다. 집을 사고 예금·주식 등으로 재산이 불어날수록 그 무게는 더욱 더 가중된다. 나이들수록 가뜩이나 견디기 힘든 인생의 무게에 세금무게까지 더해지는 꼴이다.

직장인들의 대표적인 소득인 근로소득을 기준으로 보면 총급여(연봉)가 3,000만 원일때 각종 공제금액(근로소득세와 국민연금보험료, 건강보험료 등)을 차감한 실수령액은 2,700만 원이다. 약 300만 원을 세금 등으로 떼이는 셈이다.

그런데 급여가 2배로 증가한 6,000만 원이면 공제액은 1,000만 원으로 3배 이상 늘어 실수령액은 5,000만 원이 된다. 더 세월이 지나 급여가 9,000만 원이 되면 공제액은 무려 2,000만 원으로 늘어 실수령액은 7,000만 원에 불과하다.

세월이 지나 승진을 하고 물가상승에 따라 급여가 인상되다보니 신입때 받았던 연봉 3,000만 원이 어느덧 3배가 됐지만 실수령액은 3배에 훨씬 못 미친다. 7,000만 원은 월 수령액 580만 원으로서 자녀의 사교육비 등 지출금액도 적지 않기 때문에 좀처럼 돈이 모이지 않는다.

세금부담이 가장 크게 느껴지는 시기는 은퇴한 이후다. 소득은 없어도 재산을 가지고 있기 때문에 이때는 재산관련 세금이 큰 부담이 된다. 소득이 아예 없는 상태이거나 있더라도 얼마 안되는 연금소득이나 임대소득이 유일한 소득인 경우가 많기 때문에 비록 재산관련 세금이 적게 나오더라도 상당한 부담이 된다. 그나마 얼마 안되는 연금이나 임대소득에도 세금을 내야 한다.

인생시기별로 나타날 이런 현상을 미리 예견하고 대처하는 것이 세금관리의 목표이며 세금관리를 통해 줄일 수 있는 세금은 줄여서 가처분소득을 최대화하는 전략이 필요하다.

세금은 소득과 재산에 비례하는 것이므로 세금을 안내는 방법은 매우 간단하다. 내 명의로 된 소득과 재산이 아예 없으면 된다. 그러나 세금을 내기 싫다고 해서 소득과 재산을 회피하는 것은 말도 안되는 어불성설이다. 세금을 무서워해서는 절대 부자가 될수 없다. 세금이 아무리 많아도 번 소득보다 많을 수는 없기 때문이다.

그런데 열심히 일해서 소득과 재산을 불리다보면 어느덧 내야 할 세금이 눈덩이처럼 커지고 급기야는 돈을 벌어서 세금을 내는 것이 아니라 세금을 내기 위해 돈을 번다는 느낌이 들 때가 있는데 그렇게 되지 않으려면 세금을 미리 알고 대비해야 한다.

▤ 알고 내는 세금과 모르고 내는 세금은 차이가 크다

세금제도를 모르는 대부분의 사람들은 세금은 그냥 내야하는 것으로 생각하고 더 이상 알고 싶어하지 않는다. 하지만 세금을 내야하는 대상, 즉 소득과 재산은 내가 결정하는 것이다. 돈을 버는 방법 중에는 근로·사업·이자·배당·연금·양도 등 다양한 방법이 있고 이들 중 어떤 것을 선택하는가에 따라 세금이 달라진다.

근로소득의 경우 일반근로자와 일용근로자가 다르며 인적용역 사업자는 근로자처럼 노동력을 제공하지만 사업소득으로 분류된다. 모두 노동력을 제공하고 대가를 받는 것이지만 세금계산법이 다르고 무엇이 얼마나 더 유리한지 따져볼 필요가 있다.

사업도 마찬가지다. 개인으로 사업하는 경우와 법인을 만들어 사업하는 경우 세금이 완전히 다르다. 개인사업이라고 하더라도 사업체를 하나로 운영하는 경우와 여러개로 나누어 운영하는 경우 세금이 다르다. 또한 혼자 단독으로 하는 경우와 공동으로 사업하는 경우에도 세금차이가 있다.

이자·배당소득은 일정금액을 넘는 순간, 세금이 너무 많아 이런 투자를 왜 했나 싶을 정도다. 그런데 이자와 배당은 투자금액을 조절하면 얼마든지 연도별로 수입을 조정할 수 있다. 임대소득의 경우 임차인으로부터 임대료를 못 받아도 부가가치세를 내야 하며, 공실로 인해 임대료수입이 없어도 재산세는 해마다 내야 한다.

연금소득도 연금종류별로 세금이 다르므로 어떤 연금을 선택해서 어떻게 받을지를 미리 결정해놓고 납입해야 한다. 부동산과 주식 등 투자대상을 선택하거나 양도시기를 정할 때도 양도소득세를 미리 체크해야 한다.

결국 소득과 재산에 대해 무작정 세금을 낼 것이 아니라 소득을 벌고 재산을 취득하거나 양도하기 전에, 그리고 상속·증여를 실행하기 전에 미리 세금을 감안해서 의사결정을 해야 한다. 이렇게 내는 세금은 이미 대비된 것으로서 절세법도 고려한 것이라 훗날 세금부담도 적다. 또한 이미 알고 있고 예상하는 세금이라 두려움과 스트레스도 없다.

납세자들의 세금공포는 세금제도를 잘 모르기 때문에 생기는 것이며, 세금 스트레스는 예상하지 못한 채 날아온 세금고지서와 세금액수 때문에 발생한다. 알고 내는 세금은 통장의 돈만 털리면 되지만, 뭔지도 모르고 내는 세금은 돈뿐만 아니라 당혹감과 스트레스로 인해 영혼까지 털리게 된다.

02

아리송한 세금용어부터 알아두자

📋 납세지, 과세기간, 신고기한

세금을 내는 장소가 납세지이며 모든 세금은 납세지에 신고하고 내야 한다. **납세지**는 세금의 종류마다 다른데, 소득세처럼 사람에게 부과되는 세금은 주소지 관할세무서, 재산에 부과되는 세금은 재산이 소재하는 지역의 관할세무서 그리고 사업관련세금 중 부가가치세와 법인세는 사업장이 소재하는 지역의 관할세무서라고 보면 된다.

예를 들어, 갖고 있는 집은 분당에 있지만 강남에서 전세로 사는 박 사장의 사업장은 안양에 있으며 부산에서 살고 있는 부친이 몇 달 전 돌아가셨는데, 상속받은 상가를 이번 달에 팔아서 하남에 거주하는 자녀에게 증여했다고 가정해보자.

박 사장과 자녀(증여세)가 신고하고 내야 할 세금의 종류와 납세지는 다음과 같다.

- 종합소득세 - 소득자의 주소지인 강남세무서
- 부가가치세 - 사업장이 있는 안양세무서
- 재산세 - 보유부동산이 소재하는 분당세무서
- 종합부동산세 - 소유자의 주소지인 강남세무서
- 상속세 - 피상속인(고인)의 주소지인 부산세무서
- 양도소득세 - 양도인의 주소지인 강남세무서
- 증여세 - 수증자(증여받은 사람)의 주소지인 하남세무서

이렇게 세금마다 납세지가 다르지만 홈택스를 통해 신고할 경우 신고내용이 국세청 전산망을 통해 공유되고 세금도 인터넷을 통한 모바일고지서로 계좌이체하기 때문에 납세지가 어디인지 굳이 신경쓸 필요는 없다. 다만, 신고와 관련된 질문이나 조사 등은 관할 세무서에서 진행하기 때문에 관련 세금의 관할이 어디인지는 알고 있어야 한다.

과세기간은 세금을 매기는 기간을 뜻하는데, 특히 소득세와 부가가치세의 경우 과세기간이 중요하다. 모든 개인의 소득세는 1년을 주기로 세금을 계산한다. 올해 소득과 내년 소득을 섞지 않고 따로 구분한다는 뜻이다. 매년 벌어들인 소득에 대한 세금을 다음 해

5월에 신고하고 내야 한다.

부가가치세는 사업자만 내는 세금인데, 1년에 두 번 상반기와 하반기로 나누어 세금을 신고한다. 상반기(1기)는 1월 1일~6월 30일이며 하반기(2기)는 7월 1일~12월31일이다. 이 기간 중 사업자가 주고 받은 부가가치세를 정산하여 신고하고 납부한다.

가장 중요한 것은 **신고기한**이다. 대부분의 세금은 신고기한내에 납세자가 자진해서 신고해야 할 의무가 있으며 신고기한을 넘기면 가산세가 추가된다.

박 사장과 자녀(증여세)가 신고해야 할 세금의 신고기한은 다음과 같다.

- 종합소득세 - 다음해 5월 31일
- 부가가치세 - 상반기(1기)는 7월 25일, 하반기(2기)는 다음해 1월 25일
- 재산세 또는 종합부동산세 - 고지서로 부과하므로 신고의무가 없음
- 상속세 - 상속개시일(고인의 사망일)의 말일로부터 6개월
- 취득세 - 상속재산의 취득일(고인의 사망일)로부터 60일
- 양도소득세 - 양도일(잔금일)의 말일로부터 2개월
- 증여세 - 증여일의 말일로부터 3개월

🧮 수입금액과 소득금액, 뭐가 달라요?

수입금액이란 1년 동안 개인이 번 돈 전체를 의미한다. 근로자는 1년 동안 직장에서 받은 **총급여**(흔히 말하는 연봉에 해당하는데, 비과세급여는 총급여에 포함되지 않으므로 연봉과는 다소 차이가 있다)를 말하며, 사업자의 경우 1년 동안 달성한 **매출액**이 수입금액이다.

하지만 소득세는 소득에 매기는 것으로서 **소득금액**은 수입금액에서 필요경비를 뺀 것을 말한다. **필요경비**는 수입을 얻기 위해 소요된 경비(세법에서는 비용을 필요경비라고 표현한다)를 뜻하는데, 사업자는 매출을 위해 들어간 매입비용이나 인건비, 임차료 등이 주요 필요경비에 해당한다.

예를 들어, 어떤 사업자가 연간 매출이 8,000만 원이지만 필요경비로 6,000만 원을 지출했다면 소득금액은 2,000만 원이 된다.

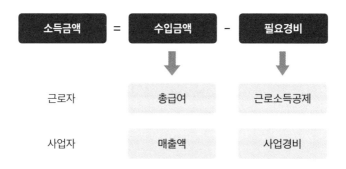

이런 소득금액 계산식은 모든 소득세에 똑같이 적용되며, 필요

경비의 구체적인 계산법은 소득마다 다르다. 사업자는 매출을 위해 들어간 비용을 지출하고 받은 증빙에 찍힌 금액을 필요경비로 차감한다. 하지만 근로자의 경우에는 급여를 받기 위해 직장을 다니는데 들어가는 필요경비가 제각각 다르다. 출퇴근하기 위해 들어가는 교통비, 교제비, 의류구입비, 품위유지비 등 직장생활에 필요한 경비지출을 일일이 확인해서 소득세를 계산하기가 쉽지 않고 이를 모두 인정해줄 경우에는 과도한 지출을 통해 얼마든지 소득세를 줄일 수 있다.

따라서 근로자는 총급여금액에 비례해서 법에서 정한 금액을 필요경비로 공제하게 되는데, 이를 **근로소득공제**라고 한다. 즉, 근로자는 본인이 실제로 지출한 금액을 필요경비로 공제하는 것이 아니라 세법에서 정해진 금액만을 공제받는 셈이다. 그런데 급여를 많이 받을수록 품위유지비 등 필요경비도 증가하는 것이 일반적이지만 급여가 높아질수록 오히려 공제율이 낮아지는 구조라 연봉이 높을수록 불리하다.

다음에 나오는 표를 보면 총급여가 3,000만 원인 경우에는 필요경비 975만 원을 공제받아서 소득금액이 2,025만 원이지만, 총급여가 9,000만 원일 때는 필요경비를 1,425만 원 공제받아서 소득금액이 7,575만 원이 된다. 필요경비가 총급여에 비례해서 늘지 않기 때문에 총급여 대비 소득의 비율이 67.5%(2,025만 원 ÷ 3,000만 원)에서 84.1%(7,575만 원 ÷ 9,000만 원)로 상승해서 세금부담이 확 늘어나는 것을 알 수 있다.

이처럼 근로자의 필요경비, 즉 근로소득공제는 법에서 정해진 금액대로 계산되는 것이므로 납세자인 근로자가 결정할 수 있는 것이 아니다. 다만, 급여가 높을수록 불리하다는 점을 알 수 있으므로 자신의 급여를 스스로 조절할 수 있는 법인의 대표는 이를 통해 적절한 급여수준을 책정해야 한다. 그리고 이런 이유때문에 세금을 떼이는 급여보다 급여외적인 대가(업무추진비사용, 법인차량이용 등)를 선호하기도 한다.

▶ 근로소득의 필요경비(=근로소득공제) ◀

총급여액	공제액
500만 원 이하	총급여액의 70%
500만 원 초과 1,500만 원 이하	350만 원 + 500만 원을 초과하는 금액의 40%
1,500만 원 초과 4,500만 원 이하	750만 원 + 1,500만 원을 초과하는 금액의 15%
4,500만 원 초과 1억 원 이하	1,200만 원 + 4,500만 원을 초과하는 금액의 5%
1억 원 초과	1,475만 원 + 1억 원을 초과하는 금액의 2%

▲ 총급여는 과세대상인 급여로서 비과세급여(월20만 원 이내의 식대보조금)는 제외된다.
 즉, 매월 식대 20만 원을 포함한 연봉이 3,240만 원일 경우 총급여는 3,000만 원이고 필요경비 975만 원을 차감한 근로소득은 2,025만 원임

📑 비과세, 감면, 면세를 구별하자

　비과세와 감면, 면세는 모두 세금을 안내도 된다는 점에서는 유사하지만 그 내용은 서로 다르다.

　비과세는 소득에서 아예 제외되므로 소득세를 내지 않아도 되는 것을 말한다. 개인이 돈을 벌면 그 소득에 대해 소득세를 내는 것이 당연한데, 정책적인 목적에서 세금부담을 덜어주기 위해 소득으로 보지 않는 것이다.

　앞서 나온 근로자의 매월 식대 20만 원이 대표적인 비과세항목이다. 연간 240만 원까지는 아예 소득에서 제외함으로써 소득세를 매기지 않는다.

　그 외에도 1세대 1주택에 대한 양도소득세 비과세가 있다. 주택 가격상승은 전반적인 화폐가치하락, 즉 장기적인 인플레이션에 따라 나타나는 현상이므로 양도차익을 모두 과세할 경우 주거안정성이 훼손(몇 번 이사를 하고 양도소득세를 내다보면 동일 규모의 주택을 유지하기 어렵다)된다. 따라서 1세대가 1주택만을 보유한 경우로서 양도가액이 12억 원 이하인 주택을 2년 이상 보유하고 2년 이상 거주(거주요건은 조정대상지역에 한함)한 경우라면 양도차익에 대해 양도소득세를 비과세해준다. 이외에도 세법에는 다양한 비과세소득이 있는데 이런 소득은 아예 세금계산 대상에서 제외된다.

　감면은 일단 세금계산 대상에는 포함하되, 일정금액이나 비율에 해당하는 세금을 깎아주는 것을 말한다. 청년들이 창업하거나 사업체가 중소기업인 경우 또는 소형평형의 아파트로 임대사업을 하는 경우 소득세의 일정비율을 깎아주는데 이를 **세액감면**이라고 한다.

비과세가 처음부터 자동적으로 소득세 계산대상에서 제외되는 것과 달리 감면은 계산된 세금의 일부를 깎아주는 것으로서 세액을 감면받기 위해서는 소득세를 신고할 때 별도의 감면신청서를 작성해서 제출해야 한다.

비과세든 감면이든 소득이 있음에도 세금부담이 없거나 줄어든다는 점에서는 둘 다 유리한 것이므로 이를 놓치지 말고 잘 챙겨서 세금을 줄이는 것이 매우 중요하다.

한편, **면세**는 사업자가 부가가치세를 내지 않아도 되는 것을 말한다. 부가가치세는 간접세로서 사업자가 매출할 때 매출금액에 따라 붙는 세금이다. 대부분의 사업자는 부가가치세를 내야 하는 과세사업자이므로 60,000원을 매출할 때 10%의 부가가치세에 해당하는 6,000원을 별도로 받아서 정해진 신고기간 이내에 이를 납부해야 한다.

그런데 부가가치세는 간접세이므로 그만큼 가격이 올라가서 소비자의 부담이 커지게 된다. 따라서 학원이나 병원, 시내버스, 전용면적 85㎡이하의 주택임대용역 등 보편적인 국민들이 주로 사용하는 업종에 대해서는 부가가치세를 면제해주는데, 이를 면세라고 한다. 결국 면세사업인 경우에는 매출금액에 대한 부가가치세를 따로 받지 않아도 되므로 부가가치세를 신고·납부할 필요가 없으며 소비자의 부담도 그만큼 줄어들게 된다. 또한 면세란 부가가치세를 면제한다는 뜻이므로 면세사업자라도 자신의 소득세는 내야 한다.

📑 소득공제와 세액공제의 차이는?

소득공제는 해당되는 금액을 소득에서 공제해주는 것이다. 소득에서 공제한다는 것은 그 금액을 소득으로 보지 않는다는 뜻이다. 세금계산 대상에서 제외된다는 점에서는 비과세와 같은 효과가 생긴다.

개인들이 의무적으로 내야하는 건강보험료나 국민연금보험료는 번 돈의 일부가 강제적으로 다시 나가는 항목이다. 따라서 본인의 의사와 상관없이 강제적으로 징수당한 것이므로 종합소득세를 계산할 때는 이를 공제해서 그 부분에 대해서는 소득세를 매기지 않는다.

또한 종합소득자가 돈을 벌었다고 하더라도 기본적인 최소한의 생계비를 보장해야 하기 때문에 소득자 본인은 물론 부양하는 가족 1인당 150만 원을 종합소득에서 공제해준다. 아울러 근로자의 경우 신용카드 사용금액이 일정기준을 초과하면 초과사용액에 대해 근로소득에서 공제해준다. 사업자는 노란우산공제에 가입해서 부금을 납입하면 일정금액을 종합소득에서 공제해준다. 이렇게 종합소

득에서 공제하면 그만큼 과세표준이 줄어들기 때문에 세율이 높을
수록 더 많은 혜택을 받게 된다.

예를 들어, 소득세 적용세율이 15%인 A와 35%인 B의 소득공제
금액이 똑같이 1,000만 원이라면 소득공제로 인해 A는 150만 원의
세금이 줄어들지만 B는 350만 원의 세금이 줄어들게 된다. 따라서
부부가 맞벌이로 모두 근로소득자인 경우 소득이 많아서 더 높은
세율을 적용받는 사람이 소득공제를 받는 것이 유리하므로 부부 중
소득이 많은 사람의 신용카드를 주로 사용하는 것이 유리하다.

이와 달리 **세액공제**는 소득세를 계산하고 나서 산출세액에서 지
출액의 일정비율에 해당하는 금액을 공제하는 것이므로 누구에게
나 그 혜택이 동일하게 돌아간다. 대부분의 근로자가 필수적으로

▶ 소득공제와 세액공제의 차이 ◀

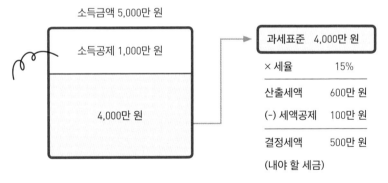

▲ 세액공제는 그 금액(100만 원)만큼 세금을 덜내는 것이지만, 소득공제는 공제액만큼 과세표
준이 줄어들게 되므로 소득공제금액에 세율(15%)을 곱한 150만 원의 세금이 줄어든다.

지출하는 보험료, 의료비, 교육비, 월세지출액에 대한 세액공제와 개인연금저축이나 기부금에 대한 세액공제 등이 이에 해당한다.

누구나 해당 지출액에 대해 일정한 비율(12% 또는 15%)을 곱한 금액을 산출세액에서 공제받는 것이므로 동일한 감세효과를 얻게 된다. 소득공제든 세액공제든 모두 절세효과가 있는 것이므로 이를 빠뜨리지 말고 잘 챙겨야 한다.

📑 과세표준이 세금을 매기는 기준금액이다

모든 세금은 **과세표준**에 세율을 곱해서 계산한다. 즉, 과세표준은 세금계산의 기준이 되는 금액으로 세율을 적용하는 대상 금액을 말한다.

▶ 소득세 산출세액의 계산흐름 ◀

수입금액 − 필요경비 = 소득금액
(비과세는 제외)

소득금액 − 소득공제 = 과세표준

과세표준 × 세율 = 산출세액

소득금액은 수입금액에서 필요경비를 차감한 것인데, 소득금액에서 소득공제를 차감한 것이 과세표준이다. 그러므로 소득세 산출세액을 줄이는 방법은 분명하고도 간단하다. 신고할 수입금액을 줄이거나 필요경비 또는 소득공제를 최대한 많이 받으면 된다.

하지만 근로자는 회사에서 국세청에 제출하는 근로소득지급명세서를 통해 급여가 드러나고, 사업자는 자신이 발행한 세금계산서나 카드 전표 등을 통해 수입금액이 국세청에 그대로 노출되므로 수입금액을 줄이는 것이 거의 불가능하다. 또한 소득공제와 세액공제도 법에 정해진 항목과 금액으로 제한된다. 결국 법에 정해진 소득공제와 세액공제를 100% 활용해서 최대한 공제를 많이 받을 수 있도록 하는 것이 최선의 절세전략이다.

결손금의 의미는?

사업자의 경우 소득금액은 수입금액에서 필요경비를 차감한 것인데, 정상적인 경우라면 수입금액이 필요경비보다 많아야 한다. 즉, 필요경비를 빼고도 남은 금액이 소득이다.

그런데 소득이 음수(마이너스)인 경우, 즉 필요경비가 수입금액을 초과하는 경우 이를 **결손금**이라고 한다. 흔히 말하는 적자상태를 의미한다. 결손금이 생기는 이유는 매출이 너무 적어 인건비나 매입비용 등 필요경비를 충당하지 못했기 때문이다. 근로소득은 절대

음수가 나올 수 없지만 사업자는 늘 결손금이 발생할 수 있는 위험에 노출돼 있다.

사업에서 만약 결손금이 발생했다면 돈을 번 것이 없으므로 당연히 소득세를 내지 않는다. 뿐만 아니라 내년 이후 소득이 발생하더라도 과거에 발생한 결손금을 공제해준다.

예를 들어, 사업을 시작한 1기(첫 해)에 결손금이 3,000만 원 발생했고 2기(다음 해)에는 소득이 8,000만 원 발생했다면, 2기의 소득세는 8,000만 원에서 3,000만 원(이를 넘어온 결손금이라는 뜻에서 **이월결손금**이라고 한다)을 차감한 5,000만 원에 대해서 내면 된다. 이렇게 결손금을 공제받기 위해서는 결손이 발생한 사실을 증명해야 하므로 반드시 회계장부가 있어야 한다.

이 경우 만약 2기에도 4,000만 원의 결손금이 발생했다면 결손금 총액 7,000만 원은 소득이 발생할 때까지 계속 이월된다.

만약 3기의 소득이 2,000만 원일 경우 누적돼서 넘어온 이월결손금 7,000만 원 중 2,000만 원을 공제하면 과세표준이 0원으로서 내야 할 세금은 없으며, 공제받지 못한 이월결손금 5,000만 원은 다음 연도로 이월된다.

단, 이월공제가 가능한 기간은 15년이므로 결손금이 발생한지 15년이 지나도록 공제받지 못한 금액은 소멸된다. 이렇게 이월결손금을 전액 공제받아서 과세표준이 0원이 된 경우 소득공제는 설령 받을 금액이 있다고 하더라도 그 해에는 공제받을 수 없으며 다음

연도로 이월되지 않고 그대로 소멸한다.

▶ 결손금의 의미와 이월공제 ◀

(단위 : 만 원)

항목	1기	2기	3기
① 수입금액	3,000	9,000	1억 3,000
② 필요경비	6,000	7,000	8,000
③ 소득금액(① - ②)	(3,000)	2,000	5,000
④ 이월결손금		(2,000)	(1,000)
⑤ 소득공제	-	-	(500)
⑥ 과세표준(③ - ④⑤)	0	0	3,500

▲ 만약 2기의 소득공제금액이 500만 원이더라도 이월결손금을 공제받아 과세표준이 0원이므로 공제를 못받고 소멸된다.

🗒 비례세율보다 누진세율이 더 공평하다

과세표준에 세율을 곱할 때 금액에 상관없이 동일한 세율을 적용하는 것을 **비례세율**이라고 한다. 하지만 소득이든 재산이든 그 금액이 많을수록 세금부담 능력도 큰 것이므로 일률적으로 동일한 세율을 적용하는 것은 공평과세의 원칙에 어긋난다. 공평한 세금이란 누구나 동일한 세율로 세금을 내는 것이 아니라 소득과 재산의 크기, 즉 담세 능력에 따라 더 높은 세율을 적용해서 더 많은 세금을 매기는 것을 말한다.

따라서 대부분의 세금은 누진세율을 적용해서 과세표준이 높을 수록 세율이 한 단계 올라가는데 이를 **누진세율**이라고 한다. 소득세의 경우 과세표준이 1,400만 원 이하인 경우에는 6%의 세율을 적용하지만 1,400만 원 초과~5,000만 원 이하인 구간에는 15%의 세율을 적용한다. 이때 과세표준 전체 금액에 15%를 적용하는 것이 아니라 1,400만 원까지는 6%를 적용하고, 1,400만 원을 초과하는 금액에 대해서만 15%를 적용하는 것이 합리적인데 이를 **초과누진세율**이라고 한다.

예를 들어, 어떤 사람의 소득세 과세표준이 4,000만 원이라면 1,400만 원에 대해 6%를 곱한 84만 원과 1,400만 원을 초과한 금액인 2,600만 원에 대해 15%를 적용한 390만 원을 합산한 474만 원이 산출세액이다.

▶ 초과누진세율 ◀

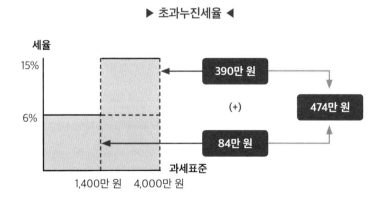

이렇게 하는 이유는 전체 과세표준금액에 해당 구간의 세율을 적용할 경우(이를 단순누진세율이라고 한다)에는 모순이 생기기 때문이다. 과세표준이 1,400만 원일 때 소득세 84만 원을 빼면 세후 순소득이 1,316만 원인데, 과세표준이 1,500만 원일 경우 단순누진으로 전체 금액에 15%를 곱하면 세금은 225만 원으로 세후 순소득은 1,275만 원에 불과하다. 100만 원을 더 벌었는데도 오히려 순소득이 더 적어지는 모순이 생긴다. 이런 이유 때문에 모든 누진세율은 초과누진세율을 적용한다.

비례세율은 누구에게나 동일한 세율을 적용하는 것인데, 부가가치세가 그 대표적인 세금이다. 모든 거래금액에 10%의 부가가치세율을 적용하므로 10만 원짜리든 1,000만 원짜리든 동일한 세율로 부가가치세를 매긴다. 이는 소비금액이 큰 부유층에게 상대적으로 유리하므로 공평과세의 원칙에 어긋나지만 부가가치세가 소득이 아닌 거래금액에 붙는 세금이라 누진세율을 적용하기 어렵기 때문이다.

부동산 거래금액에 붙는 취득세도 비례세율이다. 주택의 경우 6억 원 이하는 1%, 9억 원 초과는 3%의 단일세율로 취득세를 내게 된다. 그러나 소득세와 재산세 및 상속·증여세는 모두 초과누진세율구조로서 소득과 재산이 많을수록 더 높은 세율을 적용한다.

▶ 소득세 세율(종합, 퇴직, 양도소득에 적용) ◀

과세표준	세율	누진공제액
1,400만 원 이하	6%	-
1,400만 원 초과 5,000만 원 이하	84만 원 + 1,400만 원 초과액의 15%	126만 원
5,000만 원 초과 8,800만 원 이하	624만 원 + 5,000만 원 초과액의 24%	576만 원
8,800만 원 초과 1억 5,000만 원 이하	1,536만 원 + 8,800만 원 초과액의 35%	1,544만 원
1억 5,000만 원 초과 3억 원 이하	3,706만 원 + 1억 5,000만 원 초과액의 38%	1,994만 원
3억 원 초과 5억 원 이하	9,406만 원 + 3억 원 초과액의 40%	2,594만 원
5억 원 초과 10억 원 이하	1억 7,406만 원 + 5억 원 초과액의 42%	3,594만 원
10억 원 초과	3억 8,406만 원 + 10억 원 초과액의 45%	6,594만 원

▲ 과세표준이 4,000만 원일 경우 산출세액
   84만 원 + (4,000만 원 - 1,400만 원) × 15% = 474만 원
▲ 누진공제액을 사용하면 더 쉽고 간단하게 계산할 수 있다.
   이 방법은 과세표준 전체 금액에 해당 세율을 곱한 후에 누진공제액을 빼면 된다.
   (4,000만 원 × 15%) - 126만 원(누진공제액) = 474만 원

산출세액, 결정세액, 납부세액의 차이는?

산출세액은 과세표준에 세율을 곱해서 나온 1차값이다. 산출세액에서 납세자가 받을 수 있는 세액공제와 세액감면을 모두 차감한

것이 **결정세액**이며, 이 금액이 납세자가 부담할 최종적인 세금이다. 즉, 산출세액이 300만 원이라도 세액공제나 세액감면금액이 200만 원이라면 결국 내야 할 세금은 100만 원으로 결정된다.

그런데 세법에는 원천징수라는 제도가 있어서 소득을 지급할 때 지급자가 세금을 미리 떼고 주는 경우가 있다. 월급을 줄 때 회사에서 미리 소득세를 공제하고 지급하거나 은행에서 이자를 줄때 이자에 대한 소득세를 미리 떼는데, 이를 **원천징수**라고 한다.

또한 사업자의 경우에는 매년 11월에 그 해의 소득세를 미리 내는데 이를 **중간예납**이라고 한다. 세금은 정부의 재정지출에 충당하기 위해 걷는 것이다. 그런데 재정지출은 연도중에 고르게 발생하는데 반해 세금징수는 특정시기에 몰리기 때문에 이를 분산할 필요가 있다.

만약 신고한 소득에 대해 원천징수당한 소득세나 중간예납한 소득세가 있다면 결정세액에서 공제해주는 것이 당연한데, 이렇게 과세기간 동안 이미 낸 세금을 **기납부세액**이라고 한다.

예를 들어, 사업자의 작년도 종합소득에 대한 결정세액이 1,000만 원인데, 작년 11월에 이미 낸 중간예납세액이 300만 원이라면 올해 5월에 신고할 때 내야 할 납부세액은 700만 원인 셈이다. 근로자의 경우에도 다음해 2월에 연말정산으로 확정된 전년도 근로소득에 대한 결정세액이 500만 원인데, 전년도에 매월 원천징수당한 세금이 200만 원이라면 300만 원만 추가로 납부하면 된다. 이 경우 납세자가 낸 세금은 각각 1,000만 원과 500만 원이므로 결국 결정세액이 납세자가 부담한 세금총액이다.

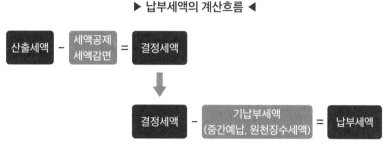

▶ 납부세액의 계산흐름 ◀

▲ 결정세액보다 기납부세액이 더 많은 경우에는 차액을 환급해준다.

📋 납부세액이 많으면 나눠서 낼 수 있다

분납이란 분할납부를 의미하는 것으로서 세금을 나누어 낸다는 뜻이다. 내야 할 세금이 많을 경우 이를 한 번에 다 낸다는 것은 무리가 있다. 종합소득세와 양도소득세, 부가가치세, 종합부동산세, 상속세 등 모든 세금을 분납할 수 있다.

단, 분납을 하려면 내야 할 세금, 즉 납부세액이 1,000만 원을 초과해야 한다. 1,000만 원 이하일 경우에는 한 번에 다 내라는 뜻이다. 분납기간은 납기 후 2개월인데, 납부세액이 1,000만 원~2,000만 원 일때는 일단 1,000만 원을 내고 나머지 금액을 분납할 수 있으며 납부세액이 2,000만 원을 초과할 때는 절반에 해당하는 금액을 분납할 수 있다.

예를 들어, 종합소득세 납부세액이 3,000만 원이라면 절반인

1,500만 원을 납부기한인 5월말까지 납부하고 나머지 1,500만 원을 2개월 후인 7월 말일까지 납부하면 된다.

분납금액에 별도의 이자를 물리지는 않으므로 신고서에 분납금액을 기입해서 나누어 내는 것도 괜찮다. 특히 세금액수가 많을 수밖에 없는 양도소득세나 상속세의 경우는 대부분 납세자들이 많이 활용한다.

연부연납이란 상속세와 증여세에만 있는 제도로서 수년간에 걸쳐서 분납하는 것을 말한다. 삼성그룹의 이건희 회장의 사망에 따라 유가족이 내야 할 상속세가 무려 12조 원으로 결정됐는데, 회사를 팔지 않는 이상 이를 한 해에 다 낸다는 것은 불가능하다. 굳이 이런 경우가 아니더라도 상속세는 금액 단위가 수억 원 또는 수십억 원인 경우가 많다.

이런 경우 세금을 수년간(상속세는 10년간, 증여세는 5년간) 나누어 낼 수 있는데, 이를 연부연납이라고 한다. 분납과 달리 연부연납은 내야 할 납부세액이 2,000만 원을 초과해야 하며 연부연납 기간동안 이자상당액을 추가로 내야 한다.

한편, **물납**은 주로 부동산이나 주식 등 바로 현금화가 어려운 재산을 상속·증여받아 세금 낼 돈이 없을 때, 받은 재산으로 세금을 내는 것이다. 물납을 신청하면 국세청도 물납받은 재산을 매각해서 세금징수에 충당해야 하므로 물납재산을 평가할 때 최대한 보수적으로 낮게 평가할 가능성이 높기 때문에 납세자가 피해를 볼 수도 있다.

원천징수를 하고 나면 국세청에 지급명세서를 보낸다

누구나 세금을 내는 것을 좋아하지 않는다. 그래서 가능하면 자신의 소득을 최대한 드러내지 않으려고 한다. 원천징수와 지급명세서 제도는 이런 납세자의 의도와 행동을 차단하기 위한 것이다.

원천징수란 소득을 지급할 때 아예 세금을 미리 떼버리는 것을 말한다. 원천적으로 세금을 공제해 버리니 납세자의 입장에서는 세금을 안 낼 수가 없는 셈이다.

개인이 지급받는 웬만한 소득은 모두 원천징수대상이다. 직장에서 받는 근로소득(급여)은 물론, 금융회사나 연금관리공단에서 받는 이자와 연금소득, 투자한 회사로부터 받는 배당금과 어쩌다 발생한 기타소득과 인적용역사업소득, 심지어 일용근로소득까지도 모두 원천징수의 대상이다.

소득을 지급하는 자가 원천징수의무자인데 만약 원천징수를 하지 않거나 잘못하면 이에 대해 징수의무자에게 가산세를 부과한다.

원천징수로 공제한 세금은 세무서로 이체되며 별도로 그 내역을 국세청에 알려줘야 하는데 이를 **지급명세서**라고 한다. 제목 그대로 누구에게 얼마나, 무슨 명목으로 돈을 줬으며 공제한 세금이 얼마이고 세후로 얼마나 지급했는지를 상세히 기재한 내역서라고 보면 된다. 지급명세서를 제출하지 않고 지급한 것은 세법에서 사업경비로 인정하지 않으므로 사업체의 입장에서도 이를 제출하지 않을 수가 없다.

이렇게 소득을 지급할 때마다 원천징수를 하고 지급명세서를

▶ 원천징수와 지급명세서의 의미 ◀

급여 4,000만 원

근로소득세 원천징수 200만 원

세후 실지급액 3,800만 원

회사 　　개인

이자(또는 배당금) 100만 원

원천징수 15만 4,000원

실지급액 84만 6,000원

은행 또는 회사 　　개인

지급명세서

국세청

제출받으면 개인별로 1년 동안 무슨 소득이 얼마나 있었는지 국세청에서 이미 파악하고 있는 셈이므로 지급명세서가 제출된 소득은 절대로 종합소득신고를 누락할 수가 없다.

따라서 소득을 지급받는 소득자의 입장에서는 내가 받은 소득에 대한 지급명세서가 국세청으로 제출됐는지 여부를 확인해야 하며, 제출된 경우에는 무조건 자신의 소득을 신고해야 한다.

🧾 종합과세보다 분리과세가 더 좋은 것이다

원천징수란 소득을 지급할 때 지급하는 자가 소득자가 내야 할 소득세를 미리 공제하는 것인데, 여기서 원천징수는 그 성격에 따라 두 가지 의미가 있다.

첫째, 원천징수로써 소득자의 납세의무가 완전히 끝나는 것인데, 이를 **분리과세**라고 한다. 분리란 해당 소득을 종합소득에 포함시키지 않고 따로 떼어낸다는 뜻이다. 따라서, 원천징수당한 것으로 끝내고 해당 소득을 다른 종합소득에 합산하지 않으므로 다른 종합소득이 많은 사람에게 유리하다.

둘째, 비록 원천징수를 통해 소득세를 냈다고 하더라도 해당 소득을 종합소득에 합산하여 종합소득세로 다시 정산해서 소득세를 내는 것인데, 이를 **종합과세**라고 한다. 이 경우 원천징수는 단지 소득세를 미리 낸 것에 불과하므로 다른 종합소득과 합산하여 다음 해 5월에 종합소득세를 신고해야 한다. 국세청은 제출받은 지급명세서를 통해 개인의 소득자료를 이미 확보한 상태이므로 종합소득 신고를 할 때 소득을 누락하는 것은 불가능하다.

이런 경우 다른 종합소득이 많아서 원천징수세율보다 훨씬 더 높은 종합소득세율을 적용받는다면 세금부담이 크게 늘어날 수도 있다. 물론 이미 낸 원천징수세금은 공제해준다.

대부분의 원천징수는 후자에 해당한다. 즉, 지급자가 원천징수했다고 세금납부절차가 완전히 끝났다고 생각하면 안된다. 원천징수 당시에는 당사자의 연간 수입과 소득을 알 수 없기 때문에 일정한 세율(비례세율)을 적용할 수밖에 없다.

이자나 배당은 누구에게나 14%의 소득세율로 원천징수하고 인적용역사업소득도 3%의 세율로 원천징수한다.

근로자의 급여에 대한 원천징수도 매월 급여를 지급할 때는 개략적으로 원천징수할 수밖에 없다. 근로자의 소득공제(신용카드사용액 등)와 세액공제(보험료·교육비·의료비 등)금액이 과세기간 종료일인 연말이 돼야 비로소 확정되기 때문이다. 결국 원천징수를 하더라도 나중에 정산을 따로 해야 하는 셈인데, 그 과정이 종합소득신고 또는 근로소득 연말정산이다.

우리나라 근로자는 무려 2,000만 명에 달한다. 그래서 다른 종합소득이 없이 근로소득만 있는 경우에는 따로 종합소득신고를 하지

잃고 직장에서 소득세 정산을 마무리 하는데 이를 **연말정산**이라고
한다.

    그러나 일부 분리과세 소득이 존재하는데, 대표적인 것이 연간
2,000만 원 이하인 금융소득과 주택임대소득이다. **금융소득**이란 개
인의 이자와 배당금을 합산한 소득을 말하는데, 그 금액이 1년에
2,000만 원을 초과하지 않으면 이를 종합소득에 포함하지 않고 원
천징수로 마무리한다. **주택임대소득**도 연간 2,000만 원 이하라면
14%로 분리과세가 가능하다.

▶ 분리과세와 종합과세의 차이 ◀

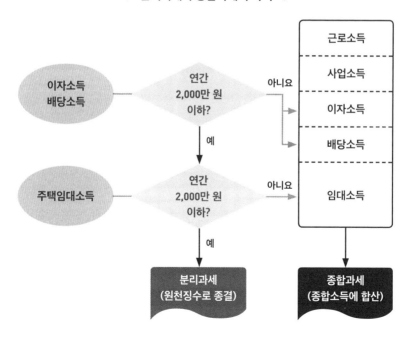

두 경우 모두 1년 동안 번 금액을 기준으로 판단하는 것이므로 종합소득이 많은 사람이라면 연간 수입금액이 각각 2,000만 원을 넘지 않게 조절하는 것이 세금부담면에서 유리하다.

📑 수정신고와 경정청구의 차이

세무서에 납부하는 대부분의 국세는 거의 다 신고납부방식이다. 즉, 납세자가 자신의 소득을 투명하게 신고하고 그에 따라 확정된 세금을 스스로 자발적으로 내는 것이다. 그런데 세금신고를 하다보면 오류가 발생할 수도 있는데, 이를 바로 잡는 절차가 수정신고와 경정청구다.

수정신고는 원래 신고·납부했어야 할 세금보다 적게 신고·납부한 경우, 즉 누락된 소득과 세금이 뒤늦게 발견된 경우 납세자가 이를 자발적으로 수정하고 추가로 납부하는 것을 말한다. 세금을 신고한 이후에 누락된 것이 국세청에 의해 발견된 경우에는 추징과 함께 가산세도 날아오는데, 이렇게 국세청으로부터 경정에 따른 추가납부 고지가 나오기 전에는 언제라도 납세자가 수정신고할 수 있다.

게다가 자발적으로 수정한 것이므로 이에 대해서는 가산세도 깎아준다. 가산세 감면혜택은 수정신고를 언제 했느냐에 따라 달라지는데, 신고기한이 지나고 1개월 이내에 하면 무려 90%를 깎아준다.

고의성이 없이 실수로 과소신고한 경우 신고불성실가산세가 10%인데, 90%를 깎아주면 1%만 내도 되는 셈이니 가산세부담이 거의 없는 것과 같다. 그러나 신고기한 후 2년이 지난 다음에는 수정신고를 하더라도 가산세를 전혀 깎아주지 않는다. 따라서 줄여서 신고했거나 덜 낸 것이 있으면 가급적 빨리 수정신고하는 것이 좋다.

경정청구는 원래 신고하고 냈어야 할 세금보다 더 많이 신고하고 낸 경우 이를 돌려줄 것을 청구하는 것이다. 필요경비를 빠뜨렸거나 각종 소득공제나 세액공제를 놓쳤거나, 감면신청을 못한 경우 이를 뒤늦게 발견하고 과다하게 낸 세금을 환급해달라고 청구하는 것을 말한다.

경정청구가 받아들여져서 환급해줄 때는 납부한 이후부터 환급시점까지 이자상당액을 포함해서 돌려주는데, 이를 **국세환급가산금**이라고 한다. 국세환급가산금은 연리 1.2%로 계산해서 돌려주는데, 납부지연에 대한 가산세는 연리 8.02%로 계산하면서 환급금에 대한 이자는 고작 1.2%에 불과해 다시 한 번 국가가 갑이라는 점을 느낄 수 있다.

더구나 수정신고는 세금을 더 내겠다는 것이므로 국세청으로부터 추가납부고지서를 받기 전이라면 언제라도 가능하지만, 경정청구는 신고기한으로부터 5년이 지나면 청구할 수 없다.

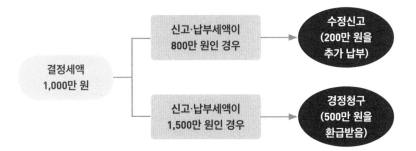

▶ 수정신고와 경정청구의 차이 ◀

결정세액
1,000만 원

신고·납부세액이
800만 원인 경우

수정신고
(200만 원을
추가 납부)

신고·납부세액이
1,500만 원인 경우

경정청구
(500만 원을
환급받음)

그런데 추징당하는 것은 쉬워도 이미 낸 세금을 돌려받기는 쉽지 않다. 까다로운 심사과정을 거쳐 환급의 타당성이 있다면 돌려받겠지만 결코 쉽지 않다. 따라서 신고할 때 잘 챙겨서 쓸데없이 세금이 새나가지 않도록 하는 것이 바람직하다.

🗒 어디까지가 특수관계인인가?

탈세는 대부분 특수관계인과의 변칙적인 거래를 통해 이루어진다. 가족·친족간에 또는 회사와 대표이사간에 자산을 시세보다 현저하게 높거나 낮은 금액으로 거래함으로써 세금부담 없이 상대방에게 경제적 이득을 제공할 수 있기 때문이다.

예를 들어, 부모나 법인이 소유하는 시가 10억 원인 부동산을 자녀나 법인대표에게 6억 원에 판다고 가정해보자. 매수자인 자녀와 대표는 싸게 산만큼 이득이고, 양도한 부모와 법인은 양도에 따른 소득세를 줄일 수 있으니 "일거양득"인 동시에 "누이좋고 매부좋고"가 되는 셈이다.

그래서 세법에서는 특수관계인과의 거래는 부당거래일 가능성을 염두에 두고 늘 색안경을 쓰고 들여다 본다. 세법에서 **특수관계인**이란 본인과 다음 중 어느 하나에 해당하는 관계에 있는 자를 말한다.

- 혈족·인척 등 친족관계(4촌 이내의 혈족과 3촌 이내의 인척인 자)
- 임원·사용인 등 경제적 연관관계
- 주주·출자자 등 경영지배관계

세법에서 특수관계인의 범위를 정한 이유는 특수관계인과의 거래를 통한 탈세행위가 많기 때문이다. 특수관계인과 매매거래 또는 자금대여거래를 할 때, 정상적인 시가 또는 일반적인 사회통념기준을 벗어나서 거래가 이루어진 경우 세법에서는 이를 **부당행위**로 규정하고 인정하지 않는다.

앞서 예를 든대로 부모가 시가 10억 원인 자산을 자녀에게 6억 원에 매각했다면 차액에 대해서 자녀에게는 증여세를, 양도자인 부모에게는 양도소득세를 추가로 과세한다. 또한 매도자가 법인이고 매수자가 법인대표라면 차액에 대해 법인대표에게는 근로소득세를, 법인에게는 법인세를 추가로 과세한다. 따라서 특수관계인간에 거래를 할때는 부당행위에 걸리지 않도록 주의해야 한다.

03

주권자인 국민(납세자)은 갑일까, 을일까?

📋 세금을 제때에, 제대로 신고 안하면 이렇게 된다

납세의무는 헌법상 국민의 기본의무이므로 세법은 납세자에게 여러 가지 의무를 부과하고 이를 어겼을 경우 벌칙을 준다. 납세자가 지켜야 할 가장 기본적인 의무는 세금을 정해진 기한내에 성실하게 신고해야 하는 것이다.

이를 어겼을 경우 **신고불성실가산세**가 부과된다. 일반적으로는 신고를 아예 안해서 부과되는 무신고가산세보다는 누락신고에 따른 과소신고가산세가 부과되는 것이 대부분이다.

과소신고가산세는 적게 신고한 세액의 10%인데, 고의적으로 부당하게 과소신고한 경우에는 40%를 내야 한다. 만약 과소신고에 따라 누락된 세금이 1,000만 원이라면 부당한 과소신고인 경우 가산세 400만 원을 포함한 1,400만 원을 내야 한다. 이때 고의성 여부는 국세청이 판단하는데, 단순실수나 착오가 아니라 이중장부나 허위계약서, 증빙없는 경비처리 등과 같이 의도적으로 소득을 줄여 신고하는 경우가 이에 해당한다.

과소신고에 따라 누락된 세금을 추징할때는 원래 내야 할 시기가 지난 것이므로 납부지연에 따른 가산세를 별도로 내야 하는데 이를 **납부지연가산세**라고 한다. 납부지연가산세는 일종의 연체이자 성격으로서 지연납부된 일수에 따라 계산하는데 연리 8.03%로 부과된다. 앞의 사례의 경우 과소신고된 세금이 3년전의 종합소득세이고 경정고지에 따른 납부기한까지 지연된 일수가 1,100일이라면 납부지연가산세는 242만 원(1,000만 원 × 8.03% × 1,100일/365일)이 된다. 결국 신고불성실가산세와 납부지연가산세를 합한 가산세총액은 642만 원(400만 원 + 242만 원)에 달해 가산세폭탄이라는 말을 실감할 수 있다.

이 경우 세금고지서에 기재된 납부기한 이내에 납부하면 모두 1,642만 원을 내면 되지만 납부기한을 지나쳤을 때는 가산세를 포함한 총액 1,642만 원에 추가로 3%의 가산세를 더 내야 한다. 이후 납부할 때까지 연리 8.03%의 가산세가 계속 추가된다.

따라서 시간을 끌어봐야 가산세로 인해 어차피 세금만 눈덩

이처럼 불어나기 때문에 일단 고지된 세금이라면 납부기한 내에 납부하는 것이 가장 최선이다. 5년이 지나면 가산세 총액이 무려 80%(신고불성실가산세 40% + 납부지연가산세 40%)에 이르므로, 만약 체납자가 내야 할 세금이 5억 원일 경우 그 중 절반은 가산세일 가능성이 높다.

이런 가산세는 대부분 신고 이후 국세청의 검증과정을 거친 경정처분결과로 발생한다. 이외에도 세법에 정해진 납세자의 다양한 의무불이행에 대해 여러 가지 가산세가 부과된다.

📑 국세청의 질문에 납세자가 제대로 소명(해명)하지 못하면 세금을 내야 한다

흔히 경제적으로 갑·을관계를 구분할 때는 누가 돈을 주고 받는가로 판단한다. 일반적으로는 돈을 주는 측이 갑이고, 받는 측은 항상 을이 된다. 주권자인 동시에 납세자로서 국민이 정부에 세금을 내는 것이므로 돈을 내는 국민이 갑, 돈을 받는 정부는 을이라고 생각할 수 있다. 하지만 세금에 관한 한, 납세자는 을의 지위를 면하기 어렵다.

국세기본법에 납세자의 권리를 보호하기 위한 여러 규정이 있지만 자료제출을 포함한 소명요구권, 세무조사권, 강제징수권과 처벌을 위한 고발권 등 공권력을 갖고 있는 국세청은 납세자보다 더 우월적 지위에 있는 것이 사실이다.

세금은 국민이 국가로부터 개별적인 서비스를 받고 그 대가를 지급하는 것이 아니라, 헌법상 의무에 따라 개별적인 보상없이 일방적으로 부담하는 국가에 대한 채무이기 때문이다. 세금을 낸다는 것은 정부에 대한 채무를 이행하는 것으로서 채무자인 납세자의 지위는 채권자인 국가보다 낮을 수밖에 없다.

납세자가 알아야 할 또 하나의 중요한 사실은 세금과세와 관련해서 국세청이 탈세를 적극적으로 증명할 필요가 없으며, 국세청이 소명을 요구할 경우 납세자가 적극적으로 탈세하지 않았음을 증빙과 자료제출로 증명해야 한다는 점이다. 소득탈루나 탈세가 의심되는 경우 국세청은 당사자에게 자료제출 등을 통해 소명(해명)할 기회를 주는데, 이에 제대로 대응하지 못하면 추징을 당하게 된다.

📋 세금을 안내면 무슨 일이 벌어질까?

(1) 납부고지서와 독촉장을 보내는 이유가 있다

세금을 제 때 내지 않은 사람을 **체납자**라고 한다. 체납된 세금에 대해서는 국세청이 강제징수절차를 통해 체납세금을 징수한다.

납세자가 세금신고를 제대로 하지 않은 경우 납부고지서를 보내서 부과했음에도 불구하고 계속 납부하지 않는다면 국세청은

독촉장을 보낸다. 독촉장은 재산압류 등 강제징수절차에 들어가기 전의 사전조치다.

세금납부고지서와 독촉장 발송은 모두 재산압류를 위한 전단계 절차이다. 즉, 납부고지를 해야 독촉장발부가 가능하며, 독촉장을 발부하고 나면 비로소 재산압류가 가능하다.

(2) 압류를 통한 강제징수절차

만약 독촉장에 정해진 납부기한까지도 세금을 납부하지 않으면 강제징수를 위해 체납자의 재산을 압류하고 이를 매각해서 납부할 세금에 충당한다. **압류**란 체납자의 특정재산에 대해 처분을 금지시키는 것으로서 흔히 "빨간딱지를 붙인다"라고 표현한다.

압류과정에서 세무공무원은 체납자의 재산을 수색하거나 질문·검사할 수 있는 권한을 갖는다. 압류대상재산은 금전적 가치가 있는 체납자의 재산인데, 기본적인 생활에 필요한 재산(의복, 침구, 가구, 주방기기 등 생활필수품)은 압류할 수 없다.

특히 급여나 연금, 퇴직급여 등 급여채권은 생계유지에 필요하므로 일정금액까지는 압류가 제한된다. 총액의 1/2까지만 압류가 가능하며 한 번의 압류로 이후 계속되는 수입이 모두 압류된다. 또한 체납자가 건물주로서 받은 소액주택임차보증금도 국세청보다 임차인에게 우선변제권이 있으므로 압류대상에서 제외된다.

압류는 부동산은 압류등기, 채권은 체납자의 채무자에게 통지함으로써 효력이 생기는데, 현금·예금, 유가증권과 같은 동산은 세무공무원이 점유함으로써 그 효력이 발생한다. 점유란 물건을 차지한다는 뜻으로 압류를 집행하는 세무공무원이 가져가서 체납세금을 낼 때까지 보관한다는 뜻이다.

압류된 재산은 체납세금을 낼 때까지는 체납자가 마음대로 처분할 수 없으며, 체납세금을 완납하면 압류가 해제된다.

🗐 체납세금의 종착지는 공매처분과 청산이다

재산을 압류당한 체납자가 세금을 계속 내지 않을 경우 국세징수법에 따라 압류한 재산을 매각해서 현금화하고 이를 통해 체납세금을 회수한다. 압류재산의 매각은 원칙적으로 **공매**를 통해 매각해야 한다.

공매란 공기관에 의해 그 매수기회를 일반에게 널리 공개해서 매각하는 것으로 국세청에서 직접 할 수도 있지만 자산관리공사 등 전문기관에 의뢰해서 하기도 한다. 하지만 압류재산가액이 소액이거나 수차례 공매를 시도했음에도 불구하고 계속 매각되지 않으면 수의계약으로 진행할 수도 있다. 어떤 경우든 매각을 해야 세금을 받게 되므로 국세청의 입장에서는 시가보다 낮은 금액으로 매각할 수밖에 없다.

공매절차가 완료되면 매각대금을 나누게 되는데, 이를 **청산**이라고 한다. 확보된 공매대금을 통해 체납된 세금을 징수하고 남은 금액은 해당 압류재산에 담보된 채권자에게도 순위에 따라 배분된다. 최종적으로 배분하고도 남은 금액은 체납자에게 지급된다.

이런 강제징수절차와는 별개로 **납세증명제도**를 통해 체납세금이 발생하지 않게 한다. 정부나 지자체가 사업자에게 일감을 줄 경우, 사업자가 체납한 세금이 없음을 국세청이 확인하는 서류(납세증명서)를 제출하도록 하고, 만약 체납사실이 있을 경우 거래할 수 없게 한다. 또한 체납한 사업자가 관할 지자체의 인·허가나 등록을 요하는 사업을 하는 경우에는 해당 지자체에 체납사실을 통보함으로써 사업 인·허가를 내주지 않게 한다.

특히 5,000만 원 이상의 고액체납자에게는 출국을 금지하고 **고액상습체납자**(체납 발생일부터 1년이 지난 국세의 합계액이 2억 원 이상인 경우)는 명단을 공개하고 있다.

🗒️ 체납자의 재산에 대해
국가가 1순위 권리자이지만 예외가 있다

체납세금을 징수하기 위해서 재산을 압류하고 공매처분해서 세금을 회수할 때 체납자가 갚아야 할 채무에는 체납된 세금말고도 은행대출금이나 체불임금 및 전세(임대)보증금 등 여러 가지가 있을 수 있다. 이런 경우 체납자의 재산은 한정돼 있으므로 누가 먼저 채권을 회수할건지 우선순위에 있어서 서로 다툼이 생길 수밖에 없는데, 모든 채권 중 체납된 국세가 가장 우선한다.

이를 **국세우선의 원칙**이라고 하며, 그 어떤 채권자보다도 가장 먼저 국세청이 체납된 세금을 징수해간다는 뜻이다. 국가가 "갑"이라는 점을 다시 한 번 일깨워준다.

하지만 이 경우 조세채권자인 국가보다 먼저 가져갈 수 있는 채권자가 있다. 가장 먼저 체납자의 재산을 매각하는 과정에서 발생한 비용(공매처분비용과 강제집행비용 등)을 최우선적으로 지급한다. 이런 비용을 지출하지 않았다면 체납자의 재산이 현금화되기 어려웠을 것이므로 이를 최우선 1순위로 지급해준다.

2순위는 **임금채권**이다. 체납자가 사업자일 때 근로자에게 체불한 임금이 있다면 해당 근로자가 받을 급여는 국세에 우선해서 지급해야 한다. 특히 최종 3개월분 임금과 최종 3년간의 퇴직금은 그 어떤 담보채권과 세금보다 우선적으로 지급된다.

아울러 체납자가 임대인이라면 세입자에게 돌려줘야 할 임대(전세)보증금이 있는데, 주택이나 상가의 임대보증금 중 일정금액은 국세보다 우선적으로 지급해야 한다. 소액임차인을 보호하기 위해 국가가 양보하는 셈인데, 주택의 경우 임차보증금이 서울은 1억 6,500만 원, 수도권은 1억 4,500만 원 이하라야 우선변제대상이다. 이때 우선변제 해주는 것은 임차보증금 전액이 아니라 서울은 5,500만 원, 수도권은 4,800만 원에 불과해서 그야말로 **소액임차보증금**에 대해서만 보호해준다. 따라서 임대차계약을 할 때 임대인이 사업자라서 보증금회수가 불안하다고 생각한다면 보증금액수를 이에 맞추어 계약하거나 주택보증보험에 가입하는 것이 안전하다.

3순위는 세금을 신고·납부해야 하는 법정기일 이전에 공매처분된 재산을 담보로 빌린 대출금이 국세보다 우선한다. 세금은 신고기한이 돼야 납세의무가 확정되는 것이므로 그 이전에 이미 성립된 채권자에게 우선권이 있기 때문이다.

▶ 체납자의 재산에 대한 권리 우선순위 ◀

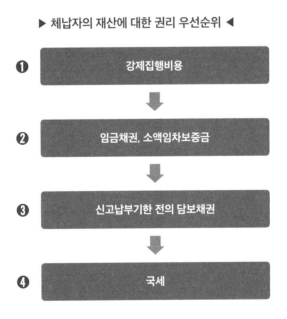

❶ 강제집행비용

❷ 임금채권, 소액임차보증금

❸ 신고납부기한 전의 담보채권

❹ 국세

04

절세를 추구하되, 탈세를 꿈꾸면 안된다!

절세와 탈세, 무슨 차이가 있나?

"내절남탈"이라는 말이 있다. "내가 하면 절세, 남이 하면 탈세"라는 의미로 "내로남불"을 빗대어 하는 말이다. 절세와 탈세의 공통점은 둘 다 세금을 안내거나 줄여서 낸다는 것이다. 하지만 절세와 탈세를 구분하는 엄격한 기준은 적법성이다. 세법이 허용하는 범위안에서 최대한 세금을 줄이는 노력은 탈세가 아니라 **절세**에 해당한다.

그런데 현장에서는 탈세를 마치 절세인 것처럼 호도하기도 한다. 근거 없는 세금컨설팅을 받고 세금을 내지 않았다가 가산세와 함께 추징당하는 경우처럼 "아무도 모르는, 나만 아는 절세비법"은 존재하지 않는다. 법에 나오지 않는 것이기 때문에 아무도 모를 뿐이다. 이는 대부분 절세로 위장한 탈세일 가능성이 매우 높으며 누군가 이런 얘기를 할 때는 경계하고 조심해야 한다. 조언한 사람은 수수료수입을 챙기면 그만이지만 가산세 등 뒷감당은 본인이 혼자 떠안아야 하기 때문이다.

각종 비과세상품가입을 통해 이자소득세와 배당소득세를 줄이고 소득공제와 세액공제를 최대한 받아서 결정세액을 낮추는 노력은 탈세가 아니다. 미리 미리 분산증여를 통해 상속세부담을 줄인다거나 자녀에게 시가보다 30% 낮게 양도함으로써 양도소득세와 증여세를 줄이는 것은 법에 정해진 내용을 위반한 것이 아니다.

흔히 "사람을 움직이는 힘의 원천은 돈"이라는 말이 있듯이 세법도 돈에 관련된 법이므로 세법을 통해 국민들을 움직일 수 있다. 즉, 국가가 달성하고자 하는 정책목표가 세법으로 구현된다는 뜻이다. 그래서 정책변화에 따라 해마다 세법이 개정되는 것이며 세법을 통해 국가의 정책방향을 파악하고 대비하면 충분히 절세가 가능하다.

하지만 **탈세**는 법을 위반해서 세금을 안내는 것으로 범법행위에 해당한다. 탈세는 주로 사업소득과 관련해서 많이 발생하는데 거래상대방과 짜고 매출을 숨긴다거나 이중장부를 작성을 하거나 쓰지도 않은 비용을 증빙 없이 또는 가짜영수증으로 가공하여 처리하는 것이 대표적인 사례다. 양도소득세를 줄이기 위해 거래가를 실제보다 낮춘 다운계약서를 작성하거나 이중계약서를 작성하는 것도 탈세에 해당한다.

📇 탈세범은 처벌하고 탈세 제보자에게는 포상금을 준다

조세범이란 세금을 탈세하는 범죄자를 말한다. 대다수의 선량한 국민은 주어진 납세의무를 성실히 이행한다. 하지만 일부 고액 탈세자에 관한 기사를 이따금씩 언론에서 접하게 되는데, 이런 조세범들을 처벌하기 위한 법이 조세범처벌법이다. 세금을 제대로 신고하지 않을 경우 가산세를 매긴다고 했는데, 가산세는 세법상 의무를 위반했기 때문에 추가로 부과하는 세금이며 조세범처벌에 따른 형벌은 아니다.

조세범은 사기나 부정행위로 세금을 탈세하거나 부당하게 소득공제나 세액공제 등을 받아 세금을 환급받은 범죄자를 말한다. 일반적으로 가짜서류나 허위·이중장부를 만들거나 소득과 재산을 은닉하는 등 고의성과 위법성이 있는 경우가 이에 해당한다. 탈세혐의가 확인되면 국세청의 조사담당공무원이 구체적인 조사절차에 들어가는데, 이 경우 판사가 발부한 영장에 따라 압수·수색을 실시할 수도 있다.

조사가 완료되면 조세범에게 세금 등을 통고하고 형사처벌을 위해 검찰에 고발한다. 조세범처벌법에 따르면 사기나 부정한 행위로써 조세를 포탈하거나 조세의 환급·공제를 받은 자는 2년 이하의 징역 또는 포탈세액의 2배 이하에 상당하는 벌금에 처한다.

한편, 세법에는 조세범을 색출하기 위해 **탈세제보자**에게 포상금을 주는 제도가 있다. 단, 무고행위를 막기 위해 제보자의 인적사항과 서명이 들어간 문서나 팩스 등으로 제보해야 하며 탈세에 관한 객관적인 증거자료를 첨부해야 한다. 국세기본법에서는 제보자를 보호하기 위해 제보자의 신분을 누설하지 않는다고 규정하고 있다.

🗒 성실하게 세금을 낸 당신, 세금포인트를 챙겨라!

세금포인트제도는 오래된 제도임에도 불구하고 일반 납세자들에게 잘 안 알려져 있다. 민간기업의 마일리지나 포인트 적립제도와 같은 것으로 세금납부액에 비례해서 포인트를 주고 소비지출시 이를 지출금액에서 차감받는 것이다.

개인과 법인이 신고·납부하는 세금 10만 원당 1포인트를 주는데, 1포인트에 해당하는 금액이 1,000원이므로 납부액의 1%를 적립해 준다고 보면 된다. 국세청 홈페이지에서 자신의 적립포인트를 확인하고 사용방법과 사용처를 확인한 후 사용하면 된다. 다만, 포인트 사용처와 1회에 사용할 수 있는 포인트에 제한이 너무 심하다 보니 사용자가 너무 적다는 것이 문제점이다.

📑 법인의 대표자와 주주에게는 무거운 책임이 따른다

실제적인 권리와 업무행위 없이 명의(이름)만 대표인 것을 흔히 "바지사장"이라고 표현한다. 누진세율로 과세되는 소득세를 줄이기 위해 실제 소유자는 한 사람이지만 여러 사람 명의로 소득을 분할하거나 바지사장을 내세워 소득자인 본인은 뒤로 숨는 행태가 흔히 일어난다.

그런데 세법에는 탈세나 강제집행을 피하기 위해 남의 명의를 사용해서 사업자등록을 하는 경우 조세범으로 규정해서 처벌한다. 이때 명의를 빌려주고 사업자등록을 허락한 사람도 동일하게 처벌한다.

특히 법인 대표의 경우 법인이 지출한 비용 중 증빙이 없으면 이를 모두 대표자가 사용한 것으로 간주해서 대표자에게 근로소득세를 부과한다. 대표이사 명의로 이자지급 없이 빌려간 돈에 대해서는 이자를 계산해서 근로소득세를 매기고, 대표이사를 사임하거나 법인을 청산할때까지 상환하지 않으면 대여원금에 대해 근로소득세를 부과한다. 법인대표의 이런 책임을 감안하면 명의대여가 얼마나 위험한 일인지 알 수 있다.

또한 자본잠식 등으로 법인재산이 없어서 세금을 내지 못하는 경우에는 그 법인의 과점주주(특수관계인의 지분을 합쳐서 발행주식의 50%를 초과해서 보유하는 주주)가 법인의 체납세금 중 지분비율에 해당하는 세금을 대신 내야 하는데, 이를 **제2차 납세의무**라고 한다. 따라서 사업체의 대표나 과점주주로 명의를 빌려주는 행위는 매우 위험하므로 하지 않는 것이 좋다.

제2차 납세의무는 사업을 인수할 때도 발생할 수 있다. 즉, 사업이 양도·양수된 경우에 양도일 이전에 확정된 양도인의 세금을 양도인이 재산이 없어 내지 못하면 사업을 양수한 사람이 대신 내야 한다. 세법에서는 비록 사업체의 주인은 바뀌었어도 사업장은 그대로 연속된다고 보는 셈이다.

📇 오랜 시간이 지나면 정부도 세금을 부과할 수 없다

세금은 정부와 납세자간의 채권·채무에 해당한다. 헌법상 명시된 납세의무에 따라 모든 국민은 법으로 정해진 세금을 내야 할 의무가 있고, 정부는 세금을 받을 권리를 가진다. 하지만 모든 세금이 법에 정해진 기한 내에 100% 납부되는 것은 아니다. 납세자의 사정에 따라 세금납부가 지연되기도 하고 내야 할 세금보다 적게 신고하기도 하는데, 이런 경우 채권자인 정부는 자신의 권리, 즉 세금부과권을 행사하게 된다. 즉, 미납된 세금에 대해서는 부과권을 행사해서 추가로 세금을 걷어 간다.

그런데 이 경우 정부의 **부과권**도 행사할 수 있는 기간이 정해져 있는데 이를 **제척기간**이라고 한다. 제척기간이란 정부가 세금부과권을 유지할 수 있는 기간으로서 제척기간이 지나면 더 이상 세금을 부과할 수 없다. 20년 전에 적게 신고했던 세금을 느닷없이 지금 내라고 국세청이 부과할 수는 없다는 뜻이다. 범죄자의 죄를 증거에 의해 확인한 경우라도 공소시효가 지났으면 검찰이 기소할 수 없는 것과 마찬가지다.

일반적인 세금의 제척기간은 5년이다. 즉, 신고기한으로부터 5년이 지나면 과거의 누락된 세금에 대해 더 이상 부과하지 못한다. 일정규모가 넘는 법인의 경우 정기세무조사를 4~5년마다 주기적으로 실시하는 것은 이런 이유 때문이다. 하지만 부정한 방법으로 세금을 포탈하거나 세액공제 등 감면을 받은 경우에는 제척기간이 10년으로 연장된다.

게다가 상속세·증여세는 제척기간이 무려 15년이다. 부당한 행위로 상속·증여세를 신고하지 않거나 적게 신고한 경우 신고기한으로부터 15년이 지나기 전에는 언제라도 정부에서 부과권을 행사할 수 있다. 결국 과소 신고된 부분이 있었다면 15년이 지나야 국세청의 세금부과위험으로부터 해방된다는 뜻이다.

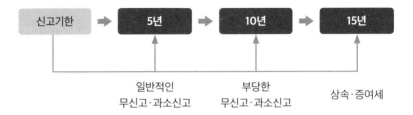

▶ 국세부과의 제척기간 ◀

| 신고기한 | → | 5년 | → | 10년 | → | 15년 |

일반적인
무신고·과소신고

부당한
무신고·과소신고

상속·증여세

📋 세금의 소멸시효는 사실상 없는 셈이다

제때에, 제대로 세금을 내지 않은 경우 정부는 납세고지 등 부과권을 행사한다. 그런데 부과된 세금을 납세자가 버티고 내지 않는다면 국가의 조세채권은 미회수상태로 계속 남게 된다. 부과된 세금을 받을 권리는 징수권에 해당하며 이 **징수권**도 일정기간이 지나면 없어지는데, 이를 **소멸시효**라고 한다.

세금의 일반적인 소멸시효는 5년이다. 즉, 부과시점으로부터 5년 동안 이를 받아내지 못하면 소멸시효가 끝나서 징수권이 없어지는 셈이다. 얼핏보면 "내지 않고 5년만 버티면 되겠구나"라고 생각할지 모른다.

그러나 소멸시효에는 숨은 함정이 있다. 납세자가 세금을 내지 않을 경우 국세청은 납부고지서 또는 독촉장을 보내거나 재산압류 절차에 들어간다. 이런 경우 그동안 진행된 소멸시효가 일단 중단

된다. 그리고 고지된 납부기한이 지나거나 압류가 해제된 날로부터 소멸시효가 새로 시작된다.

예를 들어, 4년 전에 누락된 세금에 대해 고지받고 이를 계속 내지 않았을 때 국세청으로부터 독촉장을 받았다면 독촉장에 명시된 납부기한이 지난 후부터 소멸시효 5년이 새로 시작되는 것이다.

이는 결국 정부가 세금징수를 포기하고 더 이상 납부독촉이나 재산압류를 하지 않는 한, 5년과 상관없이 무기한 세금을 징수할 수 있다는 뜻이므로 세금의 소멸시효는 사실상 없는 셈이다.

▶ 세금 소멸시효의 중단과 재기산 ◀

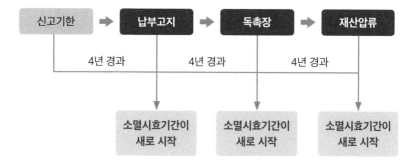

05

부당한 세금고지에는
이렇게 대응하라!

과세전적부심 청구, 이의신청, 심사청구, 심판청구, 행정소송

납세자가 세무조사 등을 받고 나서 도저히 인정할 수 없는(이를 **조세불복**이라고 한다) 세금고지서를 받았을 때는 어떻게 대응해야 할까? 이런 경우 세무지식이 없는 일반인들은 전문가를 찾아가 상담하고 불복청구를 의뢰할 수밖에 없다.

그러나 세무사·회계사 등 세무대리인에게 의뢰를 하더라도 어느 정도는 사전지식이 필요하다. 전문가란 해당 분야에서 나보다 좀 더 많은 지식을 가지고 있다는 의미일 뿐, 당사자인 납세자 본인만큼 자신의 이익을 100% 지켜주고 케어해 주기는 쉽지 않다. 때로는 수임을 위해서 무리하게 낙관적인 예측을 하거나 과도하게 비용을 청구하기도 한다.

국세청에서는 납세자를 보호하기 위해 납부고지서를 보내기 전에 사전통지를 먼저 하는데, 이를 **과세예고통지**라고 한다. 이런 저런 이유로 귀하에게 세금고지서가 나갈 것이라는 사실을 미리 알려주는 것인데, 그 이유는 납세자와의 불필요한 마찰을 줄이기 위한 것이다.

과세예고통지를 받은 납세자가 승복해서 가만히 있으면 고지서가 날아오는데, 만약 받아들이기 어려우면 고지서가 나오기 전에 미리 이의를 제기해야 한다. 이 경우 이의제기를 **과세전적부심 청구**라고 한다. 과세가 적정한지 부적정한지 그 적부를 다시 한 번 검토해달라는 청구로서 30일 이내에 관할세무서에 접수하면 된다. 검사의 구속영장청구에 따라 형사피의자를 구속하기 전에 판사가 영장실질심사를 하듯이 납세자가 억울하지 않게 미리 배려하는 것으로서, 일종의 사전구제제도라고 생각하면 된다.

세무서마다 공무원과 외부전문가로 구성된 과세전적부심사위원회가 있고 여기서 과세가 타당한지를 심사한다. 하지만 과세전적부심사결과 납세자의 청구가 이유가 없다고 결정(이를 **기각**이라고 한다)되면 납세고지서를 받을 수밖에 없다. 이때부터는 사후구제절차에 들어가야 하는데 3가지 방법이 있다.

첫 번째는, 힘들지만 천천히 돌아가는 방법으로 관할세무서에 **이의신청**부터 하는 것이다. 이의신청이 기각되면 국세청 본청에 **심사청구**를 하거나 조세심판원에 **심판청구**를 한다. 심사청구와 심판청구는 선택인데, 심사청구는 국세청에서 심의하지만 심판청구는 국무총리실 산하의 조세심판원에서 심의하는 것이므로 심사청구보다는 조금 더 중립적이라고 볼 수 있다.

여기서도 기각되면 **행정소송**으로 가서 최종적으로 법원의 결정에 따르게 된다. 그런데 마지막 단계인 행정소송은 3심제이므로 1심(관할행정법원 또는 관할 지방법원), 2심(관할고등법원), 3심(대법원)을 거쳐 확정되므로 시간과 비용이 많이 소요된다.

결국 모두 세 번의 심사과정을 거치는 셈이다. 이의신청은 세금고지를 받은 후 30일 이내에, 그리고 나머지 심사청구나 심판청구 및 행정소송은 각각 90일 이내에 제기해야 한다.

두 번째는, 심사청구와 심판청구는 그 전에 반드시 이의신청절차를 거쳐야 하는 것이 아니므로 이의신청을 생략하고 국세청 본청에 심사청구를 하거나 조세심판원에 심판청구를 하는 방법으로 이 경우에도 기각되면 최종적으로 행정소송을 하는 방법이다. 이의신청을 생략하는 이유는 이미 과세전적부심사를 통해 관할세무서의 입장을 확인한 바 있으므로 동일한 기관에 다시 이의신청을 해봐야 결과가 뻔하다고 보기 때문이다. 이렇게 하면 심사는 두 단계로 단축된다.

세 번째는, 아예 국세청이 아닌 **감사원**에 심사청구를 하는 방법이다. 감사원은 국세청 등 정부기관을 감시하는 헌법기관이므로 훨씬 더 중립적이라고 볼 수 있다. 이 경우에도 그 결과가 기각되면 행정소송으로 가서 최종적으로 법원의 결정에 따르게 된다.

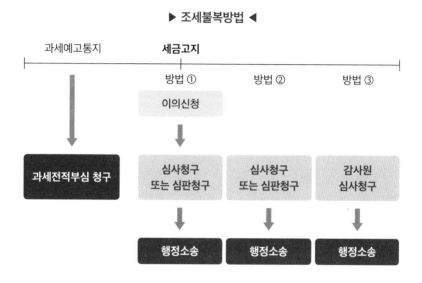

▶ 조세불복방법 ◀

📋 비용을 들여 불복청구를 하면 얼마나 받아들여질까?

조세불복제도가 있기는 하지만 불복청구서를 받은 정부가 이미 부과한 세금을 취소하기는 쉽지 않다. 특히 세금부과 당사자인 국세청에 이의신청을 하거나 심사청구를 하는 경우에는 더 더욱 그렇다. 세금부과가 잘못됐음을 인정하고 부과를 취소(이를 **인용**이라고 한다)하면 결국 국세행정의 잘못은 물론 담당 공무원의 업무상 과오를 스스로 인정하는 꼴이므로 뒤집기가 쉽지 않다.

통계에 따르면 국세청 심사청구건수는 매년 400여 건인데, 처리 건수 대비 인용비율은 해마다 차이는 있지만 평균 20% 내외다.

그래서 대부분 국세청을 거치지 않고 곧바로 조세심판원에 심판청구를 제기하기도 하는데, 그나마 중립적인 심판청구도 연간 심판처리건수 15,000건 중 평균 인용율은 20~30%다.

더구나 불복절차를 진행하는데 들어가는 대리인 보수 등 비용도 만만치 않을 것이므로 무작정 시도하기 보다는 인용가능성을 신중히 따져보고 진행하는 것이 좋다. 나아가 평소에 세금문제를 잘 관리해서 후일 추징 등 과세예고통지를 받지 않도록 하는 것이 가장 바람직하다.

CHAPTER

②

돈을 벌 때 내는 세금

소득세

01

근로소득세와 퇴직소득세가 직장인의 세금이다

📑 종합소득 6종 세트에 인생사이클이 담겨 있다

누구나 경제활동을 통해 돈을 벌어야 하는데, 이렇게 번 돈을 소득이라고 한다. 소득에 붙는 세금이 소득세인데, 세법에서는 개인이 벌 수 있는 소득의 유형을 열거해놓고 해당 소득에 대해서만 소득세를 내게 하고 있다.

소득세를 내야 하는 소득의 유형에는 크게 **종합소득**과 **퇴직소득** 및 **양도소득**이 있다. 종합소득은 개인이 1년 동안 번 6개의 소득을 모두 합산한 것으로서 개별소득별로 세금을 매기는 것이 아니라 6개의 소득을 합산한 전체 금액(이를 종합소득이라고 한다)에 대해 세금을 매기는데, 이를 **종합과세**라고 한다.

즉, 종합소득은 종합과세하는 것이 원칙이다. 소득세율이 누진세율이기 때문에 소득이 많을수록 더 높은 세율을 적용해 세금부담이 더 많아지기 때문이다. 단, 일정금액 이하의 금융소득(이자소득 + 배당소득)이나 사적(개인) 연금소득 및 기타소득에 대해서는 종합소득에 합산하지 않고 따로 세금을 매기는 **분리과세**를 적용하고 있다.

종합소득에는 개인이 평생 벌 수 있는 소득의 유형이 모두 들어가 있다. 대부분 사회의 첫 출발은 취업으로부터 시작하는데 직장에서 받은 급여가 **근로소득**이다. 하지만 때로는 바로 창업을 하거나 직장을 나와 사업을 하기도 하는데, 이 경우에는 **사업소득**이 발생한다. 근로나 사업을 통해 돈을 모으면 재테크를 통해 이를 불리게 되는데 이 과정에서 **이자소득**과 **배당소득**이 생길 수 있다.

나이가 들어 더 이상 근로나 사업을 통한 소득창출이 어려울 때는 연금을 받게 되며 이때는 **연금소득**이 발생한다.

지금까지 열거된 근로, 사업, 이자, 배당, 연금소득은 계속적, 반복적으로 생기는 소득이다. 그런데 복권당첨금이나 상금·보상금 등 일시적으로 소득이 발생할 수도 있는데 이를 **기타소득**이라고 한다. 기타소득을 포함한 6개의 소득을 개인별로 합산한 것을 종합소득이라고 한다. 대한민국의 모든 개인은 매년 자신이 벌어들인 6개의 소득을 모두 합산한 종합소득에 대해 세금을 내야 하는데, 이를 **종합소득세**라고 한다.

한편, 근로자가 직장에서 퇴직할때 받은 퇴직일시금을 **퇴직소득**이라고 하는데 이는 종합소득에 합산하지 않고 따로 세금을 내야 한다. 또한 부동산·해외주식을 양도할 때 발생한 **양도소득**도 종합소득과는 별개로 세금을 낸다.

둘 다 계속적으로 발생하는 소득이 아닌데다, 퇴직소득은 은퇴 후 생활자금이므로 세금을 좀 더 가볍게 매기기 위해서, 양도소득은 부동산투기를 막기 위해 보다 무겁게(다주택자 중과세 등) 세금을 매기기 위해서 종합소득과는 별개로 따로 세금을 계산한다. 단, 종합소득에 합산하지만 않을 뿐, 적용되는 소득세율은 종합소득과 같다.

▶ 종합소득에 포함되는 6가지 소득과 인생사이클 ◀

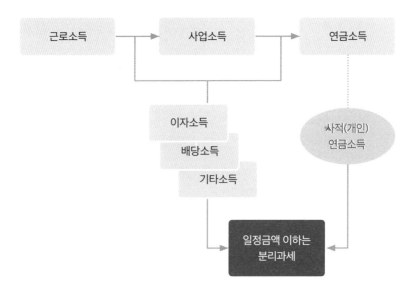

🖩 근로소득은 이렇게 계산된다

모든 유형의 소득은 수입금액에서 필요경비를 뺀 것이다. 즉, 1년 동안 번 돈에서 그 돈을 벌기 위해 사용된 지출금액(필요경비)을 차감한 것이 소득이다. 근로자가 1년 동안 직장에서 받은 월급이나 보너스, 수당 등을 모두 합하여 총급여라고 하는데, 이 **총급여**가 수입금액에 해당한다.

총급여에는 명목이 어떤 것이든 직장에서 받은 모든 돈이 포함된다. 정기적으로 받는 급여나 상여금 외에도 복지후생차원의 모든 급여성대가가 포함된다. 자녀에 대한 학비지원금, 성과급, 체력단련비, 휴가비지원금, 개인연금지원비, 우수사원포상금 등 다니는 직장으로부터 금전으로 제공받은 모든 것이 다 포함된다.

심지어 금전이 아닌 현물로 제공받은 것도 그 시가상당액을 급여에 포함시킨다. 단, 경조사에 지급한 재화와 명절선물 및 생일·창립기념일선물은 각각 연간 10만 원까지 급여에 포함되지 않는다. 또한 출산지원금 및 매월 20만 원 이내의 식대는 비과세급여에 해당하므로 총급여에 포함되지 않는다. 아울러 경조비와 건강보험료 및 국민연금보험료의 회사부담액은 복리후생비로서 총급여에 포함되지 않는다.

조 과장은 직장생활 15년차로서 맞벌이를 하고 있다. 연봉은 6,240만 원인데 그 중 240만 원은 매월 20만 원의 식대보조금이므로 이를 제외하면 총급여는 6,000만 원인 셈이다. 총급여, 즉 수입금액에서 필요경비를 차감한 것이 근로소득인데 근로자별로 필요경비를 일일이 확인하기가 어렵다.

따라서 총급여액에 비례해서 세법에서 정한 금액을 필요경비로 빼주게 되는데, 이를 **근로소득공제**라고 한다. 즉, 근로자는 자신의 필요경비를 세법에 정해진 대로 빼는 셈이다.

조 과장의 총급여가 6,000만 원이므로 필요경비(근로소득공제)는 1,275만 원이고 이를 차감하면 근로소득은 4,725만 원이 된다. 근로소득공제는 과세표준에 적용되는 세율 못지 않게 근로자의 세금부담을 결정짓는 매우 중요한 요소다. 총급여가 많아질수록 공제율이 급격히 낮아져서 일반적으로 총급여가 4,500만 원을 넘어가면 세금부담이 급격히 증가한다.

▶ 근로소득공제(=근로소득의 필요경비) ◀

총급여액	공제액
500만 원 이하	총급여액의 70%
500만 원 초과 1,500만 원 이하	350만 원 + 500만 원을 초과하는 금액의 40%
1,500만 원 초과 4,500만 원 이하	750만 원 + 1천 500만 원을 초과하는 금액의 15%
4,500만 원 초과 1억 원 이하	1,200만 원 + 4천 500만 원을 초과하는 금액의 5%
1억 원 초과	1,475만 원 + 1억 원을 초과하는 금액의 2%

▲ 총급여가 4,000만 원일 경우 근로소득
  4,000만 원 - {750만 원 + (4,000만 원 - 1,500만 원) × 15%} = 2,875만 원
▲ 총급여가 6,000만 원일 경우 근로소득
  6,000만 원 - {1,200만 원 + (6,000만 원 - 4,500만 원) × 5%} = 4,725만 원

📑 근로소득이 유리지갑인 이유

근로자의 수입금액은 100% 전액 드러날 수밖에 없어 이를 줄이거나 숨기는 것은 아예 불가능하다. 지급한 회사의 입장에서 급여지급액은 인건비로서 사업경비로 처리되는데, 이를 소명(증명)하기 위해서 매년 근로소득지급명세서를 국세청에 제출하기 때문이다.

게다가 필요경비마저도 세법에서 정해진 금액대로 공제하는 것이므로 근로소득금액의 계산과 관련해서 근로자가 할 수 있는 것은 아무것도 없다. 근로소득세는 직장에서 원천징수하는 것이므로 정부의 입장에서도 징세비용이 발생하지 않아 매우 편리하다. 아예 원천징수해버리니 조세저항도 크지 않아 근로자의 세금부담을 줄여주기가 쉽지 않다. 이런 이유로 "근로자는 봉"이다. 또는 "근로소득은 유리지갑이다"라는 말이 나오는 것이다.

📑 연말정산에서 환급받으려면 이렇게 해야 한다

근로소득세는 근로자가 직접 신고하고 내지 않는다. 직장에서 매월 급여를 받을 때 아예 소득세를 떼는데, 이를 원천징수라고 한다. 이 경우 원천징수는 소득자의 매월 급여수준과 부양가족수만 고려해서 만들어진 **간이세액표**에 따라 개략적으로 떼고 다음 해 2월에 정산하는데 이를 연말정산이라고 한다.

조 과장의 월급여가 500만 원(6,000만 원(비과세급여 제외) ÷ 12월)이고 부양가족이 자녀 1명이라면 매월 징수하는 간이세액은 약 35만 원이다. 소득세에는 10%의 지방소득세가 붙으므로 3만 5,000원의 지방소득세를 포함한 총 원천징수세액은 38만 5,000원이다. 이외에 비록 세금은 아니지만 국민연금보험료 22만 5,000원(4.5%)과 건강보험료 20만 원(약 4%)을 추가로 공제하면 모두 81만 원을 떼이게 된다. 급여는 500만 원이지만 가처분소득은 419만 원으로 줄어든 셈이다. 일반적으로 소득세와 국민연금 및 건강보험료를 합쳐서 매월 급여의 15~20%(급여가 많을 경우 25~30%)내외가 원천징수된다고 보면 된다.

이렇게 매월 원치 않게 떼인 세금은 아직 확정된 것이 아니다. 연도 중이므로 연간 총급여가 얼마일지 아직 미확정상태이기 때문이다. 또한 세법에서는 유리지갑으로 세금을 털리는 근로자를 달래기 위해 몇 가지 종합소득공제와 세액공제를 해주는데, 간이세액표에는 이것들이 포함되지 않았으므로 이를 추가로 반영해서 소득세를 확정시키게 된다.

12월의 급여를 지급하고 나면 연말에는 근로자의 연간 총급여가 확정되고 종합소득공제(건강보험료납부액과 신용카드사용액 등)와 세액공제(보험료·교육비·의료비·연금저축납입액 등)를 위한 여러 가지 지출자료도 확정된다. 따라서 이를 토대로 근로자의 연간 세금을 확정시키게 되는데, 이를 **연말정산**이라고 한다.

연말정산은 다음 해 1월에 실시하는데, 그 결과에 따라 2월 급여를 지급할 때 추가로 더 내거나 돌려받게 된다. 그리고 근로소득이 종합소득이지만 근로소득만 있는 사람은 따로 종합소득신고를 하지 않고 연말정산으로 소득세신고가 마무리된다. 단, 근로소득 이외에 다른 종합소득이 있는 경우에는 다음해 5월에 종합소득신고를 통해 모든 소득을 합산한 종합소득(합산하면 적용세율이 더 높아진다)으로 소득세를 다시 정산해야 한다.

지금부터 연말정산시 근로자가 공제를 통해 세금을 줄일 수 있는 항목 중 일반적으로 적용가능한 소득공제항목을 살펴보기로 하자. 신용카드사용 소득공제는 계산방식이 다소 복잡하지만 자동으로 계산되므로 전체적인 구조만 알고 있으면 된다. 주로 어떤 항목에 대해 얼마나 공제가 되는지, 특히 자신이 받을 수 있는 것이 무엇인지만 확인하고 준비하면 된다.

1월 중순경에 국세청 홈택스의 연말정산 간소화시스템에 접속하면 공제에 필요한 자료를 조회할 수 있다.

(1) 기본공제

본인의 근로소득에서 무조건 150만 원을 공제하고 부양가족 1인당 150만 원을 공제한다. 맞벌이 배우자는 소득이 있으므로 제외된다. 공제대상이 되려면 소득(종합·퇴직·양도소득을 모두 포함한다)이 없거나 연간 100만 원 이하이어야 하며 자녀와 부모는 나이 제한도 있다. 자녀는 20세 이하, 부모는 60세 이상이라야 공제가 가능하다. 기본공제를 받기 위해서는 주민등록상 같은 거주지에서 살아야 하는데, 자녀와 부모는 따로 살아도 상관없다.

(2) 추가공제

기본공제대상자인 부모가 70세 이상인 경우에는 100만 원을 추가로 공제한다. 종합소득이 3,000만 원 이하인 결혼한 여성소득자는 50만 원을 추가로 공제한다.

(3) 연금보험료와 건강보험료공제

1년 동안 급여에서 떼어 간 국민연금보험료 등 공적보험료와 건강보험료를 전액 공제한다. 강제적으로 급여에서 공제한 것이므로 이를 소득으로 보지 않는다는 뜻이다. 그 대신 나중에 국민연금을 받을 때는 연금소득세를 내야 한다. 따로 개인연금저축에 가입해서 낸 돈은 납입액의 일정비율을 산출세액에서 공제한다.

(4) 신용카드사용 소득공제

근로자가 돈을 쓸 때 신용카드나 체크카드 등을 사용하면 상대방 사업자의 매출이 100% 드러나게 되므로 이를 위해 카드 등 사용액(해외사용액과 자동차구입액, 세금납부액은 제외)에 대해서 일정금액을 소득공제해준다. 그런데 그 문턱이 매우 높아 웬만한 사용액으로는 공제금액이 나오기 어렵다. 문턱이란 소득공제를 받기 위해 최소한

써야 하는 금액을 말하는데, 최소한 총급여의 25%를 써야 한다.

조 과장의 총급여가 6,000만 원이므로 최소한 25%인 1,500만 원 이상을 사용해야 공제금액이 나온다는 뜻이다. 연봉이 3,000만 원이라면 750만 원이 문턱인데, 소비를 많이 하지 않는 이상 문턱을 넘기가 쉽지 않다.

단, 신용카드사용액에는 본인 사용액 이외에 기본공제대상자의 사용액도 포함되므로 소득이 없는 부모와 배우자 및 자녀(자녀의 나이는 상관없음)의 카드사용액을 모두 합산하면 사용액이 많아질 수 있다.

그런데 총급여의 25%를 초과해서 사용했더라도 초과사용한 금액을 전액 소득공제하는 것이 아니라 초과사용액의 15%(체크카드와 (소득공제용)현금영수증수취분은 30%, 대중교통비와 전통시장 사용액은 40%)를 공제한다. 조 과장의 신용카드사용액이 2,000만 원일 경우 총급여의 25%인 1,500만 원을 초과해서 사용한 금액 즉, 500만 원의 15%인 75만 원을 소득에서 공제하는 것이다.

만약 조 과장에게 적용되는 세율이 15%라면 불과 11만 2,500원(75만 원 × 15%)의 소득세가 줄어드는 것이다. 결국 카드사용에 따른 세액감소효과가 너무 미미하기 때문에 신용카드사용 소득공제를 받기 위해 무리하게 불필요한 지출을 한다는 것은 매우 어리석은 일이다.

신용카드사용 소득공제를 많이 받으려면 혼자만의 사용액이 아

▶ 신용카드사용 소득공제를 위한 문턱과 소득공제금액 ◀

① 총사용액		2,500만 원
② 문턱금액	**총급여(6,000만 원) × 25% = 1,500만 원**	
③ 초과사용액(① - ②)		1,000만 원
대중교통비 사용액		200만 원 × 40% = 80만 원
체크카드와 현금영수증 사용액		500만 원 × 30% = 150만 원
신용카드 사용액		300만 원 × 15% = 45만 원
	소득공제금액	**275만 원**

▲ 조 과장의 경우로서 2,000만 원(대중교통비 200만 원 포함)의 신용카드사용액 외에 체크카드사용액 500만 원이 더 있다고 가정한 것임

▲ 소득공제금액을 다음과 같이 계산할 수도 있다.
① 대중교통비 사용액　　　　　200만 원 × 40% = 80만 원
② 체크카드사용액　　　　　　500만 원 × 30% = 150만 원
③ 신용카드사용액(①은 제외) 1,800만 원 × 15% = 270만 원
　　　　　계　　　　　　　　　　　　　　　　500만 원
　　문턱금액(1,500만 원)의 15%를 차감　　　(225만 원)
　　　　　소득공제금액　　　　　　　　　　　275만 원

▲ 연간 신용카드 등 사용이 2,500만 원인데, 소득공제은 275만 원으로서 조 과장의 소득세 적용세율이 15%이므로 결국 412,500원의 소득세를 덜 내게 된다.

니라 가급적 여러 가족의 사용액을 합산해야 하며, 문턱을 초과한 다음부터는 가급적 신용카드보다 공제율이 더 높은 체크카드를 사용하거나 현금영수증을 받는 것이 유리하다. 아울러 열심히 써봐야 문턱금액까지는 아무 효과가 없으므로 조 과장처럼 맞벌이부부인 경우에는 한쪽으로 몰아서 집중적으로 사용하는 지혜가 필요하다.

지금까지 열거한 소득공제를 모두 차감한 것이 **근로소득 과세표준**이며 이 금액에 세율을 곱하면 산출세액이 나온다. 맞벌이를 하

는 조 과장의 근로소득은 4,725만 원이었는데 여기서 본인과 자녀 1인(조 과장 배우자의 소득이 적어서 조과장이 기본공제를 받기로 함)에 대한 기본공제 각각 150만 원과 1년 동안 떼인 국민연금보험료 270만 원 및 건강보험료 240만 원을 공제하고 신용카드사용공제액 75만 원 까지 공제하면 과세표준이 3,840만 원이 된다. 이에 대한 산출세액 은 450만 원이다.(세율표는 49쪽 참조)

산출세액은 450만 원이지만 이 금액이 최종 결정세액은 아니다. 여기서 각종 세액공제를 차감해야 하는데 근로자가 받을 수 있는 세액공제항목은 다음과 같다.

▶ 조 과장의 근로소득 과세표준 ◀

총급여 - 근로소득공제 = 근로소득금액

근로소득금액 - 종합소득공제 = 과세표준

① 기본공제
② 국민연금보험료 공제
③ 건강보험료공제
④ 신용카드사용공제

(1) 자녀세액공제

소득자에게 8세 이상 20세 이하의 자녀(손자녀 포함)가 있을 경우 자녀수에 따라 정해진 금액을 산출세액에서 공제한다.

- 1인 : 25만 원
- 2인 : 55만 원
- 3인 이상부터는 1인당 40만 원을 추가로 공제하므로 3인은 95만 원, 4인은 135만 원을 공제한다.

(2) 보험료세액공제

자동차보험 등 질병·상해·사고·사망 등을 보장받기 위한 각종 보장성보험의 보험료납부액(연간 100만 원 한도)의 12%를 산출세액에서 공제한다.

(3) 의료비세액공제

병원치료비나 약국에서 지출한 금액을 세액공제하는 것인데, 이것도 신용카드사용공제처럼 문턱이 있어서 공제받기가 쉽지 않다. 최소한 총급여의 3%를 초과해서 지출해야 한다. 조 과장의 경우 총급여가 6,000만 원이므로 연간 의료비지출액이 180만 원을 초과해야 세액공제가 가능하다. 본인 외에 기본공제대상자(소득유무와 나이는 상관없음)의 의료비를 모두 합산하므로 의료비를 지출할 때 가급적 공제받을 근로자의 신용카드 등을 사용하는 것이 유리하다.

(4) 교육비세액공제

본인 또는 기본공제대상자를 위해 지출한 공교육비(학원 등 사교

육비는 제외되며 급식비, 교복구입비 등 수업료 외에 학교에 낸 것은 모두 포함된다)
금액의 15%를 산출세액에서 공제한다. 공제대상 교육비는 초·중·
고는 300만 원, 대학교는 900만 원까지인데, 본인 교육비는 대학원
을 포함하여 한도없이 전액의 15%를 공제받을 수 있다.

학비지원금 등 직장에서 지원받은 교육비금액은 급여성대가로
서 총급여에 포함되기 때문에 결국 본인이 부담하고 지출한 셈이므
로 공제가 가능하지만, 대학생자녀의 국가장학금은 등록금에서 차
감된 것으로서 본인이 지출한 것이 아니므로 공제가 불가능하다.

(5) 기부금세액공제

종교나 자선단체에 기부하면 기부액의 15%를 세액공제해준다.
기부액이 1,000만 원을 넘는 경우 초과액에 대해서는 30%를 공제
해준다.

(6) 월세세액공제

총급여가 8,000만 원 이하인 근로자가 무주택세대주(단독세대주도
가능하며 세대주가 공제받지 않을 경우 세대원이 공제받을 수 있다)인 경우 연간
지급한 월세금액(1,000만 원 한도)의 15%(총급여가 5,500만 원 이하인 경우에
는 17%)를 세액공제한다. 단, 월세주택(주거용 오피스텔을 포함)은 국민
주택규모(85㎡)이하이어야 하며 공제받을 근로자가 임대차계약을
하고 월세를 지급해야 한다.

(7) 연금저축세액공제

국민연금 외에 개인연금저축에 가입하고 납입한 경우 저축금액의 12%(총급여가 5,500만 원 이하인 경우에는 15%)를 세액공제한다. 단, 공제가능한 저축금액은 연간 600만 원이며 추가로 퇴직연금(IRP)에 가입해서 납입한 경우에는 이를 포함해서 900만 원까지 세액공제를 받을 수 있다.

(8) 근로소득세액공제

근로자의 수입은 전액 노출되는 유리지갑임을 감안하여 근로소득세 산출세액에서 일정금액을 공제해 준다. 공제금액은 총급여의 수준별로 다른데, 총급여가 3,300만 원 이하인 경우 74만 원, 3,300만 원~7,000만 원 이하인 경우 최소 66만 원, 7,000만 원~1억 원 이하인 경우에는 최소 50만 원을 공제한다.

이제 조 과장의 연말정산을 마무리해보자. 국세청의 연말정산 간소화시스템에서 확인된 조 과장의 지출내역과 공제금액은 표의 내용과 같다. 조 과장의 산출세액은 450만 원이었지만 세액공제 226만 원을 차감한 결정세액은 224만 원이다. 만약 12월까지 매월 원천징수한 소득세가 324만 원이었다면 2월 급여를 받을 때 100만 원을 환급받는다.

조 과장의 경우 환급을 받게 된 가장 큰 이유는 매월 원천징수 당시에는 소득공제와 세액공제를 반영하지 않았기 때문이며, 특히 연금저축에 납입하여 세액공제받은 108만 원의 영향이 가장 크다.

- 자녀세액공제 **25만 원**
- 자동차보험료와 실비보험료 50만 원 ← 100만 원이내이므로 12%인 **6만 원**을 공제
- 의료비지출액 40만 원 ← 총급여의 3% 이내이므로 공제불가
- 자녀교육비지출액 80만 원 ← 80만의 15%인 **12만 원**을 공제
- 교회기부금 60만 원 ← 60만 원의 15%인 **9만 원**을 공제
- 연금저축액 600만 원
- IRP저축액 400만 원 ← 연금저축과 합산해서 공제 한도인 900만 원의 12%인 **108만 원**을 공제
- 근로소득세액공제 **66만 원**

▶ 조 과장의 연말정산 결과 ◀

산출세액	−	세액공제	=	결정세액
(450만 원)		(226만 원)		(224만 원)

결정세액	−	기납부세액	=	차감납부(환급)세액
(224만 원)		(324만 원)		(-100만 원)

📇 세법에서 일용근로자는 특별대우한다
....

흔히 알바라고 불리는 **일용근로자**의 소득도 근로소득이지만 소득세 계산법이 일반근로자(계속 근무한다는 뜻에서 국세청에서는 상용근로자라고 한다)와는 다르다. 회사 등 사업장에 고용돼서 계속적으로 근로를 제공하는 것이 아니라 불안정한 임시직이므로 여러 가지 혜택을 준다.

일용근로자가 수일간 근로용역을 제공하고 그 대가를 한꺼번에 받더라도 세금은 일별로 계산한다. 하루의 일당금액이 수입금액에 해당하는데 필요경비를 매일 15만 원씩 인정해준다. 일당이 20만 원일 경우 필요경비 15만 원을 공제한 5만 원이 하루의 근로소득인 셈이다.

일용근로자에게는 하루의 근로소득에 무조건 6%의 최저세율을 적용하므로 이 경우 산출세액은 3,000원이 되는데, 여기서 또 55%를 세액공제해준다. 따라서 결정세액은 1,350원(3,000원 × (1 - 0.55))에 불과하다. 일당이 15만 원 이하 일 때는 필요경비를 빼고 나면 아예 소득이 없는 셈이므로 낼 세금도 없다.

만약 일당 20만 원의 조건으로 10일간 일용직으로 근무한 후 200만 원을 한꺼번에 받을 경우에도 근로자가 부담할 소득세는 13,500원(1,350원 × 10일)으로 일반근로자에 비하면 매우 낮은 수준이다.

게다가 본인이 소득을 직접 신고할 필요없이 일당을 지급하는 사업장에서 원천징수하는 것으로 모든 것이 마무리된다. 즉, 일용근로소득은 분리과세로 규정돼 있으므로 그 금액에 상관없이 종합소득에 합산되지 않는다.

따라서 근로장려금이나 기초생계비 지원대상자를 결정하기 위해 종합소득금액을 평가하고 산정할 때 일용근로소득은 포함되지 않는다. 더불어 일반근로자의 경우 큰 부담인 국민연금과 건강보험도 일용근로자는 의무가입대상에서 제외된다.

이렇다보니 일반근로자도 일용근로자로 위장하여 세금과 보험료를 탈루하는 경우가 발생하기도 한다.

그래서 세법에서는 일용근로자의 요건을 매우 엄격하게 정하고 있다. 동일한 사업장에서 3개월(건설업종은 사업특성상 장기간 근로가 불가피하므로 1년)이상 계속 근로할 경우에는 일용근로자로 인정하지 않는다. 또한 일용근로자라도 1달에 8일 이상 또는 60시간을 초과하여 일할 경우에는 국민연금과 건강보험에 가입해서 해당 보험료를 납부해야 한다.

한편, 특정 사업장에 고용되지 않고 계속적, 반복적으로 용역을 제공하는 경우에는 근로자가 아니라 사업자로 분류되는데 이를 **인적용역사업자**(흔히 프리랜서라고 부름)라고 한다. 이들에게 용역대가를 지급할 때는 해당 소득자의 사업자등록여부에 상관없이 3%(10%의 지방소득세를 포함하면 3.3%)의 사업소득세를 원천징수해야 한다. 그런데 이는 사업소득으로서 종합소득에 해당하므로 소득자는 원천징수에 상관없이 반드시 다음 해 5월에 종합소득을 신고해서 소득세를 다시 정산해야 한다.

📠 퇴직금, 이렇게 받아야 세금이 줄어든다

직장인들이 다니던 직장에서 퇴직하면 퇴직금을 받는데 이를 **퇴직소득**이라고 한다. 퇴직소득도 세금을 내야 하는데, 이 경우 지급하는 회사에서 세금을 미리 떼는 것으로 마무리한다. 즉, 원천징수로 끝나며 다른 종합소득에 합산하지 않는다.

모든 소득에는 가혹할 정도의 소득세가 붙지만 유독 퇴직금에 대해서는 비교적 너그럽다. 퇴직금은 대부분 노후에 은퇴자금으로 사용하기 때문에 상당히 많은 금액을 소득에서 공제해 줌으로써 세금부담을 줄여주고 있다.

퇴직금은 받는 방식에 따라 세금이 다르다. 일시금으로 한꺼번에 받을 경우에는 퇴직소득으로 원천징수하고 연금으로 나누어 받을 경우에는 연금소득으로 원천징수한다.

(1) 퇴직일시금에 대한 세금

퇴직금을 일시금으로 받는 경우 이를 **퇴직급여**라고 하는데, 여기에는 규정에 따른 퇴직급여 외에도 명예퇴직수당, 위로금, 공로금 등 퇴직시에 지급받는 일체의 급여가 모두 포함된다.

퇴직급여에서 근속년수에 따른 공제를 뺀 것이 **퇴직소득금액**이다. 근속년수공제는 장기근무자를 우대하기 위한 것으로 근속년수가 길수록 공제금액이 많아진다. 현재 15년째 근무중인 조 과장이 올해 말에 명예퇴직할 경우 명퇴금을 포함한 퇴직금이 2억 7,750만 원이라고 가정하고 세금이 얼마나 되는지 따져보기로 하자.

▶ 근속년수공제 ◀

근속연수	공제액
5년 이하	100만 원 × 근속연수
5년 초과 10년 이하	500만 원 + {200만 원 × (근속연수 − 5년)}
10년 초과 20년 이하	1,500만 원 + {250만 원 × (근속연수 − 10년)}
20년 초과	4,000만 원 + {300만 원 × (근속연수 − 20년)}

▲ 근속년수 계산시 1년 미만은 1년으로 본다

표에서 보듯이 근속년수가 10년이면 1,500만 원을 공제받지만 조 과장처럼 15년이면 2,750만 원을 공제받는다. 조 과장의 퇴직급여 2억 7,750만 원에서 근속년수공제 2,750만 원을 빼면 퇴직소득금액은 2억 5,000만 원이다. 그런데 이 소득은 비록 퇴직한 해에 한꺼번에 얻은 소득이지만 15년간의 근로대가로 얻은 소득이다.

따라서 15년간의 누적소득을 연간 소득으로 환산하기 위해 근속년수로 나누는데, 이를 **환산급여**라고 한다. 환산급여는 퇴직소득을 근속년수로 나눈 다음, 12를 곱한 것이다.

조 과장의 경우 환산급여는 2억 원(2억 5,000만 원 ÷ 15년 × 12)이다.

다소 복잡해 보이지만 이렇게 하는 이유는 소득세율은 1년 동안 번 돈에 적용되는 세율인데, 퇴직소득은 수년간의 소득이 누적된 것이라 총액에 대해 높은 누진세율을 적용하면 세금 부담이 많아지기 때문이다.

따라서 세율을 적용하기 전에 퇴직소득을 근속년수로 나눈 금액의 12를 곱해서 세금을 계산한 후, 다시 근속년수를 곱한 후 12로 나누게 된다. 이렇게 환산급여로 계산하면 근속년수가 12년일 경우에는 퇴직소득금액과 환산급여가 동일하지만 근속년수가 12년보다 짧을 경우에는 환산급여가 더 많아져서 세금부담액이 많아진다.

조 과장의 경우 근속년수가 15년으로 12년보다 길기 때문에 환산급여는 2억 원으로서 퇴직소득 2억 5,000만 원보다 적어졌다.

마지막으로 이 환산급여에서 정해진 공제액을 빼면 과세표준이 계산된다. 조 과장의 환산급여에서 세법에 정해진 공제액(1억 670만 원)을 빼면 과세표준은 9,330만 원이 된다.

▶ 환산급여에 따른 공제 ◀

환산급여	공제액
800만 원 이하	환산급여의 100%
800만 원 초과 7,000만 원 이하	800만 원 + 800만 원 초과액의 60%
7,000만 원 초과 1억 원 이하	4,520만 원 + 7,000만 원 초과액의 55%
1억 원 초과 3억 원 이하	6,170만 원 + 1억 원 초과액의 45%
3억 원 초과	1억 5,170만 원 + 3억 원 초과액의 35%

퇴직소득세를 계산할 때도 종합소득세율을 적용한다. 과세표준 9,330만 원에 대한 소득세는 약 1,721만 원(세율표는 49쪽 참조)인데, 연간 환산급여에 대한 세금이므로 다시 근속년수(15년)로 곱하고 12로 나누어야 한다. 결국 퇴직소득세는 약 2,151만 원이며 지방소득세를 포함하면 2,366만 원이다.

퇴직급여로 받은 2억 7,750만 원 대비 8.5% 수준으로서 실효세율이 근로소득에 비해서는 매우 낮은 수준임을 알 수 있다. 지금은 퇴직금액수가 억대 이다보니 실효세율이 다소 높지만 1억 원 이하일 경우에는 실효세율이 2~3%에 불과하다.

▶ 퇴직일시금에 대한 소득세 계산흐름 ◀

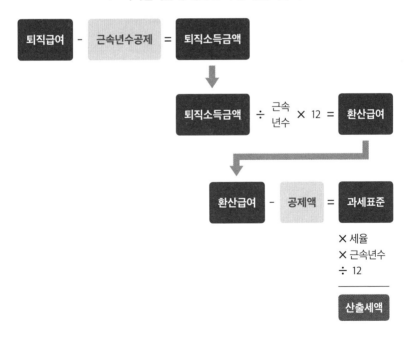

(2) 퇴직연금에 대한 세금

회사가 확정급여(DB)형이든 확정기여(DC)형이든 퇴직연금에 가입한 경우에는 퇴직금을 일시금이 아닌 연금으로 받게 되는데 이렇게 연금으로 받는 경우에는 연금소득에 해당한다.

단, 연금소득에 해당하더라도 세금은 연금소득세가 아니라 퇴직소득세를 원천징수한다. 즉, 퇴사할 때는 퇴직소득세를 원천징수하지 않고 미루었다가, 연금수령기간동안에 걸쳐서 원천징수하는 것이다. 단, 연금수령연차 10년까지는 해당 세액의 70%를 징수(30%를 감면하는 것임)하고, 10년 이후부터는 60%(40%를 감면)를 징수하므로 일시금으로 받는 경우보다 세금부담이 많이 줄어든다.

(3) 퇴직일시금을 개인퇴직연금(IRP) 계좌로 이체하라!

다니던 회사가 퇴직연금에 가입하지 않았거나 가입했다고 하더라도 55세 이전에 퇴직하는 경우에는 연금수령이 불가능하다. 이런 경우 받은 퇴직일시금을 자신의 **개인퇴직연금계좌(IRP)**에 이체시키면 퇴직소득세를 원천징수하지 않고 미래로 연기시킨다. IRP계좌는 어느 금융회사에서든 개설할 수 있다.

만약 이미 원천징수를 당하고 퇴직금을 받은 경우라면 퇴직금을 받은 날로부터 60일 이내에 퇴직금을 IRP계좌로 이체시키면 원천징수된 세금을 환급받을 수 있다. 환급이 번거로우면 퇴직금을 받기 전에 미리 IRP계좌를 개설해서 그 계좌로 받으면 원천징수없이 전액 입금된다.

이 경우 연기된 퇴직소득세 원천징수는 나중에 연금을 받을 때 과세하지만 돈 가치가 떨어지는 미래로 연기되는데다 연금수령기간동안 나누어 내는 것이므로 부담이 적다. 게다가 앞서 설명한대로 30~40%를 감면해주기 때문에 무조건 이득이다. 또한 일시금은 받아서 쓰다보면 없어질 가능성이 높지만 IRP에 넣어두면 미래 노후자금으로 유용하게 사용할 수도 있다.

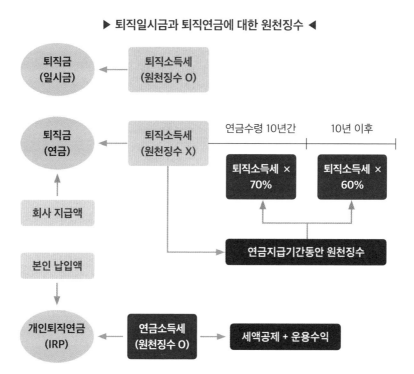

▶ 퇴직일시금과 퇴직연금에 대한 원천징수 ◀

▲ 회사로부터 받은 퇴직금은 수령방법에 상관없이 모두 퇴직소득세를 내야 하지만, 개인퇴직연금(IRP)계좌에 근로자 본인이 납입한 금액은 연금수령액 중에서 매년 세액공제받은 금액과 운용수익에 대해서만 연금소득세를 낸다. 나머지 금액은 본인이 낸 돈을 연금으로 받는 것이므로 세금을 내지 않는 것이다.

특히 퇴직금이 많아 퇴직소득세가 많을 경우에는 이득이 크다. 조 과장의 퇴직소득세가 2,366만 원인데, 연금수령기간을 10년으로 해서 30%만 감면받아도 710만 원이 줄어드는 셈이므로 연금으로 받는 것이 훨씬 유리하다.

02

예금이자에서 소득세를 뗐다고 다 끝난 게 아니다

📋 이자와 배당금에 대한 소득세는 이렇게 계산한다

월급을 모아 목돈을 만드는 가장 쉽고 안전한 방법은 은행에 맡기는 것이다. 예금이든 적금이든 은행에 돈을 맡기면 이자를 받는데, 이를 **이자소득**이라고 한다. 예·적금이 아니라 채권(국·공채나 회사채 등)에 투자하는 경우에도 이자소득이 발생한다. 그런데 다른 소득과 달리 이자는 가만히 있어도 시간이 지나면 발생하는 것이므로 딱히 들어가는 필요경비가 없다. 따라서 이자소득의 경우에는 받은 이자수입이 그대로 소득금액이 된다.

배당소득도 마찬가지다. 개별기업의 주식 또는 주식형펀드와 국내 ETF에 투자해서 매년 배당금을 받으면 배당소득이 발생하는데 이것도 이자소득과 마찬가지로 필요경비가 인정되지 않는다.

이자와 배당소득도 근로소득처럼 소득을 지급할 때 지급하는 은행이나 회사에서 소득세를 미리 떼는데, 이때 적용되는 원천징 수세율은 14%다. 예를들어, 이자 또는 배당금액이 1,000만 원이라 면 소득세가 140만 원인 셈인데, 여기에 지방소득세 1.4%를 포함 하면 원천징수하는 세금은 모두 15.4%인 154만 원이고 실지급액 은 846만 원이 된다.

이렇게 원천징수를 통해 소득세를 냈다고 하더라도 다음해 5월 에는 종합소득에 포함시켜 정산해야 한다. 왜냐하면 다른 종합소득 의 크기에 따라 적용세율이 14%를 넘을 수도 있기 때문이다.

단, 이자와 배당소득을 합한 것을 **금융소득**이라고 하는데, 개인 별로 연간 금융소득이 2,000만 원 이하라면 종합소득에 합산하지 않는다. 이 경우 금융소득은 실제 수령한 시점을 기준으로, 원천징 수하기 전의 금액으로 따진다. 즉, 만기일이나 중도해지 등을 통해 실제로 이자를 받을 때 해당 시점에 소득이 한꺼번에 발생한 것으 로 본다는 뜻이다.

예를 들어, 5년만기 정기예금이 만기가 되어 5년치 이자 3,000만 원에서 원천징수세금 462만 원을 공제하고 2,538만 원을 받았다면, 비록 이자소득이 5년에 걸쳐 발생한 것이지만 세법에서는 3,000만 원을 모두 한 해의 이자소득으로 보아 종합소득에 합산한다.

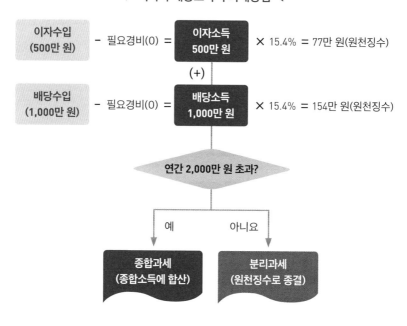

▶ 이자와 배당소득의 과세방법 ◀

이자수입 (500만 원) − 필요경비(0) = 이자소득 500만 원 × 15.4% = 77만 원(원천징수)

(+)

배당수입 (1,000만 원) − 필요경비(0) = 배당소득 1,000만 원 × 15.4% = 154만 원(원천징수)

연간 2,000만 원 초과?

예   아니요

종합과세 (종합소득에 합산)   분리과세 (원천징수로 종결)

금융상품에 투자할 때 비과세라면 무조건 가입해야 한다

비과세는 소득이 있음에도 불구하고 세금을 매기지 않는다는 뜻이므로 아예 소득세 계산대상에서 제외된다. 그만큼 납세자에게는 유리한 것이므로 알고 있는 비과세상품은 무조건 가입해야 한다. 하지만 비과세상품을 많이 허용하면 정부 입장에서는 세수가 줄어들기 때문에 과거에 비해 비과세상품이 많이 줄었다. 현재 세법에서 금융상품 중 비과세해주는 것은 다음과 같다.

- 서민금융기관(새마을금고, 신협, 농·축·수협)의 예탁금이자 :
  성인 1인당 3,000만 원까지 비과세
- 서민금융기관(새마을금고, 신협, 농·축·수협)의 출자금에 대한 배당금 :
  출자금 2,000만 원까지 비과세
- 생계형비과세저축(65세이상, 장애인 등 가입가능)의 이자·배당금 :
  저축금액 5,000만 원까지 비과세
- 개인종합자산관리계좌(ISA)의 금융소득 :
  연간 200만 원(총급여 5,000만 원 이하인 경우 400만 원)이내의 이자·
  배당금
- 청년도약계좌 및 청년희망적금의 이자·배당금

비과세의 함정에 주의하라!

비과세 금융상품이 세금부담면에서는 유리하지만 경우에 따라서는 그렇지 않은 것도 있다. 보험회사가 판매하는 보험은 크게 보장성보험과 저축성보험으로 구분된다. 보장성보험은 사고발생에 대비하기 위해 드는 보험으로 자동차보험이나 화재보험, 상해보험, 암보험 등을 말한다. 이런 보장성보험은 나중에 가입자가 납부한 보험료를 전혀 환급받지 못하거나 설령 환급받는다고 하더라도 가입자가 낸 돈보다 적게 돌려받는다.

하지만 저축성보험은 만기환급액이 납입한 보험료보다 더 많다. 이 경우 낸 보험료보다 더 많이 받은 금액을 **보험차익**이라고 하는데, 이는 명백히 이자소득에 해당한다.

그런데 세법에서는 저축성보험의 경우 계약기간이 10년 미만인 것만 보험차익을 이자소득으로 본다. 즉, 10년 이상 유지된 장기저축성보험은 보험차익에 대해 이자소득세를 매기지 않는다. 보험사의 변액보험 등 장기투자상품이 이에 해당하는데, 투자성과가 좋아서 납입한 보험료보다 더 많은 만기 환급금을 받더라도 아무런 소득세를 내지 않는다.

그러나 소득세는 없지만 납입기간이 10년 이상 장기인데다, 낸 보험료의 일부가 사업비로 사용되기 때문에 그로 인한 손실도 감안해야 한다. 만약 장기간의 수익률이 물가상승률보다 낮거나 소득세 절세금액보다 사업비로 충당되는 금액이 더 많다면 실질적으로는 손해이기 때문에 가입하기 전에 이를 꼼꼼히 따져봐야 한다.

03

주식과 펀드수익금에도 소득세를 뗀다

📋 예금도 안전하지 않다

주식이 위험자산임에도 불구하고 우리나라 주식투자인구가 1,400만 명이나 되는 것은 이유가 있을 것이다. 비교적 안전하다고 여기는 예금도 결코 안전하지 않기 때문이다. 예금은 만기에 그 금액을 돌려받지 못할 위험이 거의 없다. 심지어 금융회사가 파산하더라도 예금자보호법에 따라 일정 금액까지는 정부(예금보험공사)가 지급을 보장한다.

그래서 안전하다고 하는 것인데 예금에도 여전히 위험, 즉 인플레이션위험이 존재한다. 장기간에 걸쳐 시중의 통화공급은 꾸준히 증가하고 이는 필연적으로 물가상승, 즉 전반적인 화폐가치 하락을 초래한다. 은행에서 잠자고 있는 내 돈은 세월이 갈수록 그 가치(구매력)가 점점 떨어진다. 물론 이를 보상해주는 것이 이자다. 문제는 은행에서 받는 이자보다 물가상승률이 더 높을 때는 물가상승을 감안한 실질수익률이 마이너스가 된다는 점이다.

흔히 말하는 **72의 법칙**이란 원금이 2배로 늘어날 때까지 걸리는 시간을 빨리 계산할 때 사용하는 방법이다. 72를 투자수익률로 나누면 되는데, 예를 들어 세후이자율이 3%라면 원금이 2배가 되는데 24년(72 ÷ 3)이 걸린다는 뜻이다.

그런데 만약 24년 전보다 지금 물가가 2배로 올랐다면 구매력 기준으로는 돈이 1원도 불어나지 않았다는 뜻이 된다. 지금 물가를 20년 전과 비교해보면 시내버스 요금은 500원에서 1,500원으로, 삼겹살 1인분은 6,000원에서 18,000원으로, 짜장면은 3,500원에서 8,000원으로, 택시 기본 요금은 1,300원에서 4,800원으로 대부분 2~3배 이상 상승했다. 예금으로는 재산 증식은 커녕 인플레이션 위험도 100% 커버하기 어렵다는 점을 알 수 있다.

📑 개인과 법인이 받은 배당소득은 세금 계산법이 다르다
···

은행예금의 이런 문제점을 제거하기 위해 성장하는 기업에 투자해서 해당 기업으로부터 배당을 받는 배당투자를 하기도 한다. 배당은 주식투자의 결과로 발생한다. 기업에 투자한 주주에게 기업이 달성한 이익의 일부를 분배하는 것이 배당이다. 배당투자의 경우 주가변동에 따른 위험이 불가피하지만 매매를 통한 단기 차익보다 장기적인 배당수익만을 목적으로 투자하는 것이다.

배당은 받는 사람이 개인일 경우와 법인일 경우 과세방법이 다르다. 개인이 받는 경우에는 배당소득으로 과세하며, 지급하는 회사에서 지방소득세를 포함하여 15.4%를 원천징수한다. 그리고 이자소득과 합산한 연간 금융소득이 2,000만 원을 초과하는 경우에는 종합소득에 합산하여 다음 해 5월에 다시 정산해야 한다.

그런데 다른 회사의 주식을 보유한 법인이 배당을 받은 경우에는 배당소득세가 아니라 법인세를 내게 된다. 이 때는 지급하는 회사에서 원천징수하지 않고 전액을 지급하는데, 그 이유는 받은 배당금에 대해 어차피 법인세를 낼 것이기 때문이다.

즉, 법인이 받은 배당금은 배당소득이 아니라 법인이 투자의 결과로 얻은 법인의 이익으로 보는 셈이다. 만약 배당금을 받은 법인이 자기회사의 주주에게 배당금을 지급할 때는 배당소득세를 원천징수해야 한다.

예를 들어, 배당금 1,000만 원을 개인이 받는 경우에는 배당금을 주는 회사가 배당소득세를 원천징수하고 나머지만 지급한다.

그러나 법인에게 지급하는 경우에는 원천징수를 하지 않으므로 1,000만 원이 모두 지급된다. 그리고 이를 포함한 법인의 모든 소득에 대해 법인세를 내게 된다. 연간 과세표준 2억 원 이하에 적용되는 법인세율은 9%에 불과하다. 이렇게 보면 마치 법인에게 큰 혜택을 주는 듯 하지만, 사실은 배당금을 받은 법인에게 법인세를 매기는 것은 명백하게 이중과세이다.

왜냐하면 배당금을 주는 법인에서 이미 법인세를 내고 난 후의 이익을 배당으로 지급한 것이므로 결과적으로 동일한 소득에 대해 중복해서 법인세를 매기는 것이기 때문이다. 따라서 배당금을 받은 법인의 법인세를 계산할때는 법인소득에 포함된 배당금의 일정비율(지분율에 따라 다른데, 일반적으로는 30%)을 제외시켜준다.

▶ 배당금을 받은 개인과 법인에 대한 과세방식 ◀

결국 배당금에 대한 세금부담과 관련해서는 법인이 유리해 보이지만, 법인이 받은 배당금을 자신의 주주에게 지급할 때는 어차피 주주에게 배당소득세가 과세될 것이므로 법인세와 배당소득세

를 합산하면 오히려 부담이 더 많을 수도 있다.

단, 받은 배당금을 주주에게 지급하지 않고 법인이 비용으로 지출하는 등 소진할 경우에는 원천징수 당하지 않은 만큼 개인보다 세금 부담이 줄어드는 셈이다.

🖩 국내주식이든 해외주식이든 투자방법에 따라 세금이 다르다

개인이 기업에 투자하는 방법은 여러 가지다. 자신이 투자하고 싶은 회사의 주식을 직접 사는 방법(직접투자)이 있고 펀드에 투자하는 방법(간접투자)이 있다. 직접 투자의 가장 큰 위험은 주가하락 위험이므로 개별기업의 주가변동 위험을 방어하기 위해 펀드 또는 동일 업종의 여러 기업을 묶어서 구성한 ETF에 투자하기도 한다.

펀드는 자산운용전문가인 펀드매니저가 특정 펀드 안에 다양한 종목을 편입시키고 이를 매매해서 운용수익을 달성한 후, 그 성과를 투자자에게 분배하는 간접적인 투자방식이다.

ETF^{Exchange Trade Fund}는 지수연동형펀드를 의미하는데, KOSPI 200이나 KODEX 200처럼 주가지수에 연동해서 가격이 변하는 인덱스펀드 상품이다. KOSPI 200은 상장기업 중 시가총액이 큰 상위 200개 기업의 가격 변동을 반영하는 지수로 해당 기업들의 주가가변동하는 대로 지수가 움직인다.

따라서 특정 기업에 대한 투자가 아니라 종합적인 지수에 투자하는 셈이므로 주가변동 위험을 줄일 수 있다.

주식투자의 성과는 배당금과 매매차익으로 구성되는데, 투자 결과 발생된 이익에 대해서 어떤 세금이 과세되는지 알아보자.

먼저 주식에 직접투자하는 경우 해당 주식이 **국내상장주식**이라면 매매차익에 대해서는 아무런 세금이 없다. 하지만 **해외주식**은 매매차익에 대해 20%(지방소득세 10%를 포함해 22%)의 양도소득세를 내야 한다. 이 경우 양도소득세는 부동산과 달리 다음해 5월에 주소지 관할세무서에 신고하고 내야 한다.

국내주식의 매매차익은 비과세하지만 배당금에 대해서는 15.4%를 원천징수한다. 해외주식에서 배당금을 받은 경우에는 투자한 그 나라에서 배당소득세를 원천징수하고 지급한다.

간접투자방식인 **펀드투자**의 경우에는 펀드운용에 따른 분배금을 받게 되는데, 분배금 속에는 펀드에 편입된 투자기업으로부터 받은 배당금과 매매차익이 모두 포함된다. 펀드 안에 포함된 운용자산이 주식이든, 채권이든, 예금이든 상장주식의 매매차익을 제외하고는 펀드 내에서 발생된 모든 수익을 투자자에게 나눠줄 때 배당소득으로 과세한다.

즉, 펀드를 해지하고 이들 분배금을 받을 때 배당소득세 15.4%

를 원천징수한다.

국내주식 ETF에 투자한 경우에는 과세기준이 개별 상장기업 주식에 투자한 경우와 동일하다. 어차피 ETF에 편입된 종목이 국내 주식이기 때문에 개별 상장기업에 투자한 경우와 마찬가지로 매매차익에 대해서는 세금을 매기지 않으며 배당금에 대해서만 15.4%의 배당소득세를 원천징수한다. 단, 주식형 ETF가 아닌 경우에는 배당은 물론 매매차익에 대해 모두 배당소득세를 원천징수한다.

한편, 원화로 투자하는 **국내에 상장된 해외 ETF**(미국테크탑10, 미국 필라델피아반도체나스닥 등)는 매매차익과 배당금 모두에 대해 배당소득세(지방소득세 포함 15.4%)를 원천징수한다.

해외시장 ETF는 해외주식 투자와 동일하다. 즉, 매매차익에 대해서는 양도소득세(22%)를 내야 하며, 배당금에 대해서는 투자한 나라에서 배당소득세를 원천징수한다. 해외주식에 직접 투자할때는 투자손익 이외에 환율변동 위험도 같이 고려해야 한다. 투자한 나라의 통화 가치가 하락(원화가치 상승·환율 하락)하면 환손실을 입을 수도 있기 때문이다. 물론 반대의 경우에는 환차익을 얻을 수 있다.

구분	국내시장				해외시장	
	개별주식	주식형ETF	기타ETF	해외ETF	개별주식	해외ETF
배당 (분배금)	15.4%	15.4%	15.4%	15.4%	투자국의 배당소득세	투자국의 배당소득세
매매차익	-	-	15.4%	15.4%	22% (양도소득세)	22% (양도소득세)
투자예시	삼성전자	KODEX 200	레버리지, 인버스	Tiger미국 나스닥100	테슬라, 엔비디아	SPY, QQQ

▲ 15.4%는 배당소득세(14%)와 지방소득세(1.4%)를 합한 것임

📟 금융소득종합과세에 주의하라!

이자와 배당금을 합한 금융소득은 분리과세가 원칙이다. 즉, 지급할 때 14%의 소득세율로 원천징수당하는 것으로 모든 납세절차가 마무리되며 종합소득에 합산하지 않는다. 그러나 금융소득이 1년에 2,000만 원을 초과하는 경우에는 이를 종합소득에 합산하여 더 높은 세율을 적용하여 소득세를 내야 하는데, 이를 **금융소득종합과세**라고 한다.

이 경우 2,000만 원을 초과하는 금액에 대해서만 종합과세하기 때문에 2,000만 원에 대해서는 원천징수 세율인 14%를 그대로 적용한다.

예를 들어, 금융소득이 5,000만 원인 경우 종합소득에는 5,000만 원이 포함되지만, 2,000만 원에 대해서는 14%를 적용하고 초과분인 3,000만 원만 다른 종합소득과 합산하여 종합과세하는 것이다.

따라서 금융소득이 2,000만 원을 많이 초과하지 않거나, 많이 초과하더라도 다른 종합소득이 별로 없을 경우에는 세금부담이 크게 늘지 않는다. 특히 다른 종합소득이 없이 오직 금융소득만 있는 경우에는 종합과세되더라도 크게 불리하지는 않다.

그러나 금융소득과 다른 종합소득이 모두 많을 경우에는 합산과세로 종합소득세가 급증한다. 이런 이유 때문에 소득이 많아서 높은 종합소득세율을 적용받는 법인의 대주주들이 배당소득을 기피하다보니 배당을 통한 주주환원이 소홀해지고 이로 인해 기업가치(주가)가 제대로 평가받지 못하는 기이한 현상도 발생한다. 배당금을 받아봐야 절반 가까운 금액이 세금으로 다시 나가기 때문이다. 소득세만이 아니라 건강보험료도 추가된다.

결국 금융소득이 많을 경우에는 한 해에 2,000만 원을 초과하지 않도록 금융자산을 가족간에 적절히 분산하고 금융소득 수령 금액이 특정한 해에 한꺼번에 몰리지 않도록 만기나 환매시기를 조정하고 관리해야 한다.

04

은퇴 후에 받는 연금에도
소득세를 뗀다

연금수령액, 총연금액, 연금소득의 뜻을
정확히 알아야 한다

연금소득은 은퇴자의 소득이다. 누구나 소득 활동을 영원히 할수는 없다. 더 이상 근로소득과 사업소득을 창출하기 어려울 때 매월 일정 금액을 연금 형태로 수령할 수 있도록 준비하는 것이 은퇴 설계의 기본인데, 매월 받는 금액을 **연금수령액**이라고 한다.

그러나 세금을 내야 하는 **연금소득**은 연금수령액 중 다음에 열거한 것을 말한다.

❶ 공적연금{국민연금이나 특수직(공무원·사학·군인) 연금}의 수령 금액

❷ 사적연금{연금저축이나 퇴직연금(IRP)}납입액 중 연금세액공제를 받은 금액과 운용수익
❸ 직장에서 받은 퇴직일시금을 원천징수하지 않고 퇴직연금(IRP) 계좌에 이체하여 연금으로 수령한 금액

이를 자세히 들여다 보면 연금소득이란 ❸을 제외하고는 과거에 연금을 납입할 때 소득공제나 세액공제혜택을 받은 금액과 연금계좌를 통해 얻은 운용수익을 말한다.

따라서 사적연금 중 납입 당시 세액공제혜택을 받지 않은 부분은 비록 연금형태로 수령하더라도 연금소득에 해당하지 않는다. 흔히 말하는 비과세연금보험이 이에 해당하는데, 이는 보험회사에 일시납 또는 적립식으로 돈을 넣고 만기 이후 연금으로 수령하는 것을 말한다. 납입할 때 세제 혜택을 전혀 받지 않은 것이므로 연금으로 수령하더라도 연금소득에 해당하지 않는다.

📋 연금소득세는 이렇게 계산된다

연금관리공단이나 금융회사로부터 받은 연금수령액 중 앞서 열거한 항목에 해당하는 것으로서 종합소득세 과세대상인 연금수령액을 **총연금액**이라고 한다.

총연금액은 과거에 연금을 납입하면서 매년 소득공제(공적연금

납입액 전액)나 세액공제(사적연금납입액의 12%(또는 15%))를 받은 금액과 연금저축의 운용에 따른 수익을 더한 것이다.

특히 연금저축과 퇴직연금(IRP)은 합해서 1년에 1,800만 원까지 납입이 가능하지만 세액공제는 900만 원만 가능하다. 따라서 세액공제 받지 못한 나머지 900만 원은 본인이 낸 돈이므로 연금으로 수령하더라도 과세대상인 연금소득이 아니며 총연금액에도 포함되지 않는다.

또한 사적연금으로서 연간 1,500만 원 이내의 연금은 분리과세되므로 총연금액에 포함되지 않는다. 따라서 총연금액과 연금수령액은 차이가 있으며 종합소득세 과세대상인 총연금액은 연금수령액에서 소득공제나 세액공제를 받지 않은 금액과 분리과세대상인 연금소득을 뺀 것과 같다.

연금을 지급할 때는 지급자인 연금관리공단 또는 금융회사에서 원천징수하는데, 국민연금은 근로소득 원천징수와 마찬가지로 간이세액표에 따라 징수하고 다음해 1월에 기본공제 등을 감안해서 연말정산한다. 금융회사가 지급하는 사적연금은 지급액의 5%(연금수령자가 70세 이상이면 4%, 80세 이상이면 3%)를 뗀다.

이런 원천징수로 납세절차가 마무리되는 것은 연금 수령자가 국민연금 이외의 다른 종합소득이 없거나, 분리과세되는 1,500만 원 이하의 사적연금소득만 있는 경우다.

그렇지 않은 경우에는 원천징수에 상관 없이 다음해 5월에 연금소득을 종합소득에 합산하여 신고하고 소득세를 정산해야 한다. 이때 연금소득이란 총연금액에서 필요경비를 차감한 것이다.

연금소득도 금융소득처럼 필요경비가 발생하지 않는다. 하지만 은퇴자의 세금부담을 덜어주기 위해 금융소득과는 달리 세법에서 정한 일정한 금액을 필요경비로 공제해주는데 이를 **연금소득공제**라고 한다. 수입금액에 해당하는 총연금액에서 필요경비에 해당하는 연금소득공제를 차감한 것이 종합소득에 합산되는 연금소득이다.

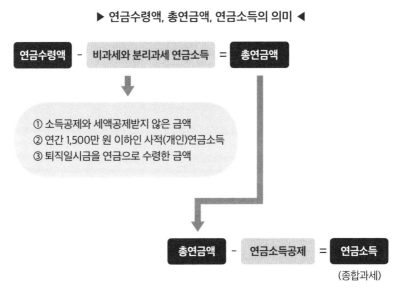

▶ 연금수령액, 총연금액, 연금소득의 의미 ◀

연금수령액 − 비과세와 분리과세 연금소득 = 총연금액

① 소득공제와 세액공제받지 않은 금액
② 연간 1,500만 원 이하인 사적(개인)연금소득
③ 퇴직일시금을 연금으로 수령한 금액

총연금액 − 연금소득공제 = 연금소득
(종합과세)

▲ ①은 비과세, ②는 분리과세, ③은 퇴직소득세를 원천징수하기 때문에 제외된다.

▶ 연금소득공제(=연금소득의 필요경비) ◀

총급여액	공제액
350만 원 이하	총연금액
350만 원 초과 700만 원 이하	350만 원 + 350만 원을 초과하는 금액의 40%
700만 원 초과 1400만 원 이하	490만 원 + 700만 원을 초과하는 금액의 20%
1,400만 원 초과	630만 원 + 1,400만 원을 초과하는 금액의 10%

▲ 공제액이 900만 원을 초과하는 경우에는 900만 원을 공제한다.

예를 들어, 직장을 다니다 퇴직한 박 이사가 매월 국민연금 200만 원과 개인연금 100만 원을 받을 경우 국민연금 전액과 사적연금인 개인연금 중 세액공제받은 것과 운용수익부분이 연금소득에 해당한다. 그런데 어차피 개인연금의 연간 수령액이 1,500만 원 이하이므로 분리과세된다.

따라서 종합과세되는 총연금액은 2,400만 원(200만 원 × 12월)이며 여기서 연금소득공제 730만 원을 차감하면 연금소득은 1,670만 원이 된다. 연금수령액의 약 70%가 종합소득에 포함되는 셈이다.

연금소득은 종합소득에 해당하므로 다음해 5월에 종합소득으로 신고(이 경우 연금관리공단에서 이미 원천징수한 소득세는 공제한다)해야 하는데 , 만약 박 이사가 연금소득 외에 다른 종합소득이 없다면 다음해 1월에 연금관리공단에서 실시하는 연말정산으로 마무리되므로 따로 종합소득신고를 하지 않아도 된다.

📋 연금을 받되, 종합소득에 들어가지 않게 하는 것이 제일 좋다

은퇴 후 연금을 받더라도 세금으로 다시 털리면 곤란하다. 최선의 방법은 연금소득이 종합소득에 들어가지 않도록 하는 것인데, 국민연금 등 공적연금은 분리과세가 안되므로 무조건 종합소득에 들어간다. 다만, 연금소득공제를 통해 상당 금액을 공제해주므로 부담은 다소 줄어든다.

하지만 사적연금은 분리과세가 가능하므로 반드시 연금소득을 연간 1,500만 원 이하로 만드는 것이 필요한데, 이 경우 1,500만 원은 과세대상인 연금소득을 기준으로 판단한다.

따라서 매년 세액공제한도 이상으로 납입해서 연금수령액 중 세액공제받지 않는 금액이 있을 때는 그 금액은 제외된다. 이런 경우 수령액 기준으로는 분리과세가 가능한 금액이 1,500만 원을 넘을 수도 있는데, 구분하기 어렵거나 신경쓰이면 아예 수령액 기준으로 1,500만 원을 넘기지 않으면 된다. 즉, 사적연금의 적정 수령액은 월 125만 원이 되는 셈이다. 만약 사적연금 수령액이 연간 1,500만 원을 초과한다면 연금수령기간을 늘려서 수령액을 줄이면 된다.

그러나 연금소득 외의 다른 종합소득이 없는 경우에는 설령 연금소득이 종합소득에 들어가도 불리할 것이 없으며, 때로는 종합소득공제를 적용받아 오히려 소득세 부담이 낮아질 수도 있다.

이런 이유 때문에 사적연금소득이 1,500만 원 이하인 경우에도 종합과세를 선택할 수 있으며, 거꾸로 1,500만 원을 초과하는 경우에도 분리과세를 선택할 수 있다. 단, 이 경우 분리과세는 15%의 세율을 적용하므로 자신의 종합소득세 세율이 24%이상일 경우에만 분리과세가 더 유리하다.

🗒 최선의 연금저축과 퇴직연금 가입법

사적연금은 크게 **연금저축**과 **퇴직연금(IRP)**으로 구성된다. 모두 정부가 가입을 장려하기 위해 세액공제혜택을 주는 것인데, 그 이유는 매월 100만~200만 원의 국민연금과 직장에서 받는 퇴직금만으로는 노후 안전장치가 부족하기 때문이다. 둘 다 모든 국민이 가입대상이며 근로자든, 사업자든 종합소득이 있는 누구나 납입액에 대한 세액공제를 받을 수 있다.

연금저축은 납입액의 12%(총급여 5,500만 원 이하 또는 종합소득이 4,500만 원 이하인 경우에는 15%)를 자신의 종합소득세 산출세액에서 공제받을 수 있는 절세 상품이다. 연금저축의 경우 연간 납입액 600만 원까지 세액공제가 가능하며, 퇴직연금(IRP)은 연금저축금액을 포함해서 900만 원까지 세액공제를 받을 수 있다.

예를 들어, 연금저축에 600만 원을 납입한 경우에는 퇴직연금(IRP)에 300만 원, 연금저축에 400만 원을 납입한 경우에는 퇴직연금(IRP)에 500만 원을 납입해서 세액공제를 받으면 된다.

이 경우 퇴직연금은 투자액의 30%를 안전자산인 예금에 넣어야 한다는 점도 감안해야 한다. 따라서 수익 극대화를 위해 주식과 같은 위험자산에 적극적으로 투자하고 싶을때는 연금저축에 최대치인 600만 원을 넣고 나머지 금액 300만 원을 퇴직연금에 넣는 것이 좋다.

나중에 연금을 많이 받기 위해서는 납입액이 많아야 하는데, 만약 자금여유가 있다면 합쳐서 연간 1,800만 원까지도 납입할 수 있다. 단, 세액공제는 합쳐서 연간 납입액 900만 원까지만 가능하다.

총 900만 원을 납입할 경우 세액공제금액은 저축액의 12%~15%인 108만 원~135만 원으로서 매우 크다. 지방소득세까지 포함하면 약 120만 원~150만 원으로 늘어난다. 하지만 걸림돌도 있는데 둘 다 55세까지는 찾아쓰기 어렵다는 점이다.

은퇴 이후를 대비해서 계속 돈을 모으라는 뜻으로 당장 돈이 필요하더라도 인출이 제한된다. 단, 세액공제받지 않은 금액은 언제든지 인출할 수 있다.

둘 다 모든 금융회사에서 가입할 수 있다. 은행은 주로 안전자산인 예금과 채권에 투자하므로 안정성은 높지만 수익성이 낮고, 증권사의 경우 주식이나 펀드로 운용하므로 기대수익은 높지만 변동성과 위험성이 높다는 특징이 있다.

따라서 자신의 투자성향에 맞춰서 가입하는 것이 바람직하다. 분명한 것은 둘 다 오랜 기간 적립해야 하는 장기상품이므로 장기적인 인플레이션 위험을 방어해 줄 수 있어야 한다는 점이다.

주식의 경우 성장기업에 대한 투자로 은행 이자보다 높은 수익을 기대할 수도 있다. 그러나 단기변동성과 가격하락이 위험요인이다. 하지만 장기간에 걸쳐 매년 적립식으로 투자하면 가격 하락의 위험을 상당 부분 방어할 수 있으며, 개별기업주식이 아닌 ETF로 가입하면 분산투자효과도 기대할 수 있다.

가장 좋은 것은 연금저축의 운용수익금은 배당소득이 아닌 연금소득으로 과세되므로 세금부담이 줄어든다는 점이다. 소득활동 기간에 걸쳐 꾸준히 투자해서 매년 납입액의 12~15%에 해당하는 세금을 공제받고, 매년 1,500만 원 이하로 연금을 받을 때는 세액공제받은 금액과 투자수익에 대해서만 최고 5%로 분리과세되니까 가입을 망설일 이유가 없다. 더구나 세액공제한도를 초과해서 납입한 금액은 본인이 낸 돈을 단지 연금으로 나눠 받는 것에 불과하기 때문에 연금으로 수령하더라도 연금소득에 해당하지 않으므로 세금도 내지 않는다.

05

투잡^{Two-Job}을 하거나 월세받는 직장인이라면 사업소득세를 알아야 한다

📋 사업소득세는 이렇게 계산하고 신고한다

사업자의 소득, 즉 사업소득은 사업을 통해 벌어들인 수입금액에서 사업활동에 사용된 필요경비를 차감한 것이다.

> 사업소득 = 수입금액 - 필요경비

수입금액은 사업자가 해당 사업을 통해 1년 동안 달성한 매출을 의미하며 제품·상품의 판매대금과 제공된 용역대금을 말한다. 사업자는 근로자와 달리 국세청에서 매출, 즉 수입금액을 확인하기 이렇기 때문에 사업사 본인이 스스로 성실하게 신고해주기를 기대해야 한다. 그런데 지금은 웬만한 매출이 거의 다 드러난다. 매출의 증거는 관련 증빙으로 확인되는데 상대방 거래처에 세금계산서를 발행한다든지, 고객에게 신용카드전표를 발행한 것은 그대로 다 드러나게 된다.

매출은 판 금액일 뿐, 그 대금의 수령여부와는 아무 상관이 없다. 신용카드결제의 경우에도 카드전표발행과 동시에 바로 돈이 입금되는 것은 아니며 세금계산서를 발행한 경우에도 매출대금은 한, 두달 후에 입금될 수도 있다.

예를 들어, 12월말까지 발행한 세금계산서와 카드전표가 1억 원인데, 그 중 2,000만 원이 연말 현재 아직 입금되지 않았더라도 올해 매출은 1억 원으로 신고해야 한다.

임대사업자도 마찬가지다. 월세 입금여부와 상관없이 계약서상 월세지급일에 맞춰 세금계산서를 발행해야 한다. 만약 12월의 월세 300만 원이 12월말 현재 입금되지 않았더라도 세금계산서를 발행한 300만 원은 올해의 수입금액에 포함돼야 한다.

결국 사업자의 매출은 세금계산서 발행과 카드전표 발행 등으로 거의 100% 국세청에 노출된다. 드러나지 않는 매출은 현금매출(그 중에서 현금영수증을 발행하지 않은 것)뿐으로 이 금액은 누락해도 사실상 확인이 어렵다.

그리고 사업자는 1년에 두 번에 걸쳐 부가가치세 신고를 하는데, 이때 이미 6개월간의 매출이 국세청에 드러난다. 단, 부가가치세신고를 안해도 되는 **면세사업자**(병·의원, 학원, 주택임대사업자 등)는 매년 2월에 **사업장현황신고**를 통해 지난 1년간의 수입을 신고해야 한다. 이렇게 신고된 수입금액과 다음해 5월에 종합소득을 신고할 때의 수입금액은 서로 일치해야 한다.

필요경비는 문자 그대로 사업에 필요한 경비라는 뜻으로 매출을 달성하기 위해 지출한 각종 비용을 말한다. 어떤 사업이든 기본적으로 들어가는 3가지 핵심경비를 **주요경비**라고 하는데, 여기에는 인건비, 임차료, 매입비용이 포함된다. 그 외에도 차량유지비 등 다양한 비용이 지출되는데 이를 수입금액에서 차감한 것이 사업소득이다.

근로자의 경우 필요경비는 세법에 정해진 금액을 공제하지만, 사업자는 자신이 사업을 위해 실제로 지출한 금액을 빼는 것인데, 경비로 인정받기 위해서는 반드시 지출에 따른 증거(**증빙**이라고 한다)가 있어야 하며 해당 경비가 사업에 관련된 지출이어야 한다. 즉, 증빙이 없거나 있다고 하더라도 사업과 무관한 비용(이를 **사적사용경비**라고 한다)은 필요경비로 인정하지 않는다.

🖹 사업자라고 장부기장을 꼭 해야 하는 것은 아니다

사업자는 자신의 소득을 계산하기 위해 장부라는 것을 만들어야 하는데 이를 기장이라고 한다. 이른바 회계를 해서 자신의 수입과 경비지출을 일일이 기록해야 하는 것인데, 요즘은 회계프로그램이 있어 비교적 쉽다. 수입금액에서 지출된 경비를 차감해서 소득을 계산하는 방식을 **기장과세**라고 한다.

그런데 회계프로그램이 아무리 사용하기 쉽다고 하더라도 기장과세를 하려면 일단 사용할 프로그램이 있어야 하고(인터넷에는 무료로 제공되는 프로그램도 있다) 그 사용법, 즉 회계를 알아야 하므로 대부분 사업자들은 이 일을 회계사무소나 세무사 사무실에 의뢰한다. 이 경우 비용이 발생하는데 매출이 적은 소규모사업자는 세금보다도 세금신고비용이 더 많이 발생하는 모순이 생긴다.

따라서 매출규모가 적거나 신규사업자인 경우 첫 해에는 기장하지 않고도 소득을 계산할 수 있게 했는데 이를 **추계과세**라고 한다. 우리나라 전체 개인사업자 중 60% 이상이 장부없이 추계로 소득을 계산하고 있다.

추계과세는 지출증빙과 상관없이 국세청이 정해준 경비율만큼을 필요경비로 넣는 것인데, 단순경비율과 기준경비율이 있다. **단순경비율**은 수입금액에 정해진 단순경비율을 곱한 만큼 경비로 인정하는 방식으로서 매출이 매우 적은 사업자에게만 적용된다.

기준경비율은 매출이 좀 더 많은 사업자에게 적용하는 방식으로서 정해진 기준경비율에 해당하는 만큼을 경비로 인정해주되, 주요경비(인건비, 임차료, 매입비용)는 증빙으로 확인된 실제 지출금액을 넣는 방식이다. 따라서 실제로 지출한 주요경비가 추가되기 때문에 정해진 기준경비율은 매우 낮다. 업종별로 정해진 단순경비율과 기준경비율은 국세청 홈페이지에서 확인할 수 있다. 매출이 적은 추계과세 대상자일지라도 장부기장을 통해 소득을 계산하는 것은 상관없다.

한편, 매출이 일정금액을 넘어가면 반드시 장부를 기장해야만 하는데 이를 복식부기 기장의무자라고 한다. **복식부기 기장의무자**인

▶ 매출규모에 따른 사업소득계산법 ◀

업종	추계과세		기장과세	
	단순경비율 대상	기준경비율 대상	간편장부 대상	복식부기기장 의무자
서비스업, 부동산임대업 등	2,400만 원 미만	2,400만 원~ 7,500만 원 미만	7,500만 원 미만	7,500만 원 이상
제조, 건설 음식점 등	3,600만 원 미만	3,600만 원~ 1.5억 원 미만	1.5억 원 미만	1.5억 원 이상
도·소매업 등	6,000만 원 미만	6,000만 원~ 3억 원 미만	3억 원 미만	3억 원 이상

▲ 사업소득금액의 계산방법은 전년도의 매출액을 기준으로 결정되는 것임. 음식점업의 경우 전년도 매출액이 3,600만 원 미만이면 올해는 단순경비율, 3,600만 원~1억 5,000만 원이면 기준경비율로, 1억 5,000만 원 이상이면 복식부기장부에 의해 소득을 계산해야 한다. 3,600만 원~1억 5,000만 원 미만이면 기준경비율에 의한 추계과세와 간편장부작성에 의한 기장과세를 선택할 수 있다.

데도 추계로 소득을 신고하면 가산세가 붙는데, 어차피 매출이 일정규모 이상일 경우 추계로 소득을 계산하면 낮은 기준경비율 때문에 소득이 너무 많이 잡혀서 기장을 안할 수가 없다. 사업자는 자신의 매출구간에 해당하는 방법으로 소득을 계산해야 한다.

예를 들어보자. 토스트 가게(사업자코드번호 552118)를 운영하는 김사장의 경우 음식점업이므로 작년도 연 매출이 3,600만 원 미만이면 올해는 단순경비율로 소득을 계산할 수 있다.

국세청 홈페이지에서 조회(홈페이지에서 기준경비율이라고 검색하면 됨)하면 이 업종의 단순경비율은 86%이며 기준경비율은 14%로 나온다.

> • 김 사장의 신고된 매출이 3,000만 원일 경우 사업소득금액
>   3,000만 원 - 2,580만 원(3,000만 원 × 86%) = 420만 원

만약 작년도 연 매출이 3,600만 원~1억5,000만 원이면 올해는 기준경비율로 소득을 계산해야 한다.

> • 김사장의 신고된 매출이 1억 2,000만 원일 경우 사업소득금액
>   1억 2,000만 원 - 1,680만 원(1억 2,000만 원 × 14%) - (인건비(3,000
>   만 원) + 임차료(1,200만 원) + 매입비용(3,800만 원)) = 2,320만 원

이렇게 김사장의 매출이 1억 5,000만 원 미만인 경우에는 기준경비율에 의한 추계과세와 기장과세를 선택할 수 있다. 기준경비율은 단순경비율에 비해 너무 낮기 때문에 주요경비가 많이 발생하지 않는 사업이라면 불리할 수 있다. 이런 경우에는 기장과세를 하는 것이 오히려 더 나은데, 어렵고 복잡한 복식부기 기장 대신 간편장부에 의한 간이기장도 가능하다. 간편장부란 복식부기에 따른 회계를 하지 않고 매일의 수입과 지출내역을 일기장처럼 기록만 하는 것이다.

그러나 매출이 1억 5,000만 원을 넘어서면 그 다음연도의 소득을 계산할 때부터는 복식부기에 따른 기장(회계프로그램을 사용하는 것을 말한다)을 해야 한다.

🖩 사업자는 증빙관리가 제일 중요하다

사업자의 소득은 수입금액에서 필요경비를 뺀 것인데, 필요경비로 넣기 위해서는 반드시 두 가지 조건을 충족해야 한다.

첫째, 비용지출 사실에 대한 관련 증거가 있어야 한다. 이를 **지출증빙**이라고 하며 돈을 지출하고 상대방으로부터 법정증빙(세법에서 정한 증빙이라는 뜻으로 적격증빙이라고도 한다)을 받아야 한다.

법정증빙은 **세금계산서**, **계산서**, **현금영수증**(지출증빙용), **신용카드전표** 등 4가지인데, 이들의 공통점은 모두 전자방식으로 만들어진다는 것이다. 즉, 간이영수증처럼 손으로 작성한 것이 아니므로 가공이 불가능하며 돈을 받은 상대방 사업자의 수입이 그대로 드러나서 상대방이 소득세를 내게 되므로 지출한 사업자도 경비처리가 가능한 것이다.

그러나 (간이)영수증·거래명세표 등은 법정증빙에 해당하지 않는다. 영수증은 수기로 작성하는 것이라서 쉽게 가공이 가능하므로 이를 법정증빙으로 인정하지 않는다. 따라서 모든 매입비용은 세금계산서나 계산서를 받아야 하며 다른 경비지출건도 가급적 신용카드결제를 통해 법정증빙을 받는 것이 최선이다.

불가피하게 현금결제를 해야 한다면 현금영수증(지출증빙용)을 꼭 받아야 한다. 다만, 거래 상대방 사업자 중에는 간이과세자를 비롯해서 법정증빙을 발행할 수 없는 영세한 사업자도 있기 때문에 지출건당 3만 원 이하의 소액건에 대해서는 예외적으로 영수증을 증빙으로 인정하고 있다.

그러므로 불가피하게 영수증을 받아야 하는 상황이라면 그 금액이 지출 건당 3만 원을 초과하지 않도록 해야 한다.

둘째, 아무리 법정증빙을 갖추었다고 하더라도 관련 지출이 사업활동과 관련이 없는 비용(이를 사적사용경비라고 한다)이라면 필요경비로 인정하지 않는다. 특히 법인과 달리 개인사업자들은 본인의 개인적인 지출과 사업관련 지출을 구분하지 않고 동일한 신용카드를 사용하는 경우가 많아 사적인 비용지출을 사업관련 경비로 처리하는 경우가 매우 흔하다. 그리고 이것 때문에 가산세를 맞는 경우가 많으므로 특히 유의해야 한다.

국세청에서는 개인 사업자의 카드사용내역 중 병원이나 백화점 그리고 학원 등에서 사용한 것은 일단 사업관련성이 없는 것으로 보고 이들 사용처에서 쓴 금액을 전산으로 추출하고 있다. 만약 이런 사용처에서 쓴 금액이 과다할 경우에는 소명요구나 조사 등을 받을 가능성이 있으므로 주의해야 한다.

한편, 인건비처럼 노동력을 제공받고 통장으로 돈을 지급했을 때는 법정증빙 대신 지급받는 자가 내야 할 소득세를 원천징수하고 그 내용을 기재한 지급명세서를 제출해야 증빙이 있는 것으로 간주한다.

필요경비를 최대한 많이 넣어야 세금이 줄어든다

사업소득의 계산구조에서 알 수 있듯이 소득금액을 줄이려면 수입금액을 낮추거나 필요경비를 최대한 많이 넣어야 한다. 그런데 요즘은 소비자와 고객의 신용카드 사용이 보편화돼서 수입금액을 누락하는 것이 원천적으로 불가능하다. 따라서 신고소득을 줄이는 가장 최선의 방법은 필요경비를 최대한 많이 넣는 것이다.

이 경우 필요경비는 사업과 관련된 경비라야 하는데, 사업자가 지출하는 경비 중 가장 큰 비중을 차지하는 것은 매입비용·인건비·

임차료다. 이들 주요 3대 경비 외에 다양한 비용이 있으며, 대부분의 거래는 매월 반복적으로 발생한다.

프랜차이즈 음식점업을 하는 최 사장의 사례를 통해 필요경비 항목과 갖추어야 할 증빙을 알아보자. 최 사장의 매장은 50평이며 월세 200만 원에 알바생을 포함해 4명을 고용하고 있다.

- **거래처로부터 식자재를 들여왔다.**
  원재료인데, 이를 사용해서 음식을 만들어 팔았으므로 결국 매출원가라는 경비로 넣어야 한다. 도·소매업종인 경우 팔기 위해 매입한 것을 상품이라고 하는데 그 중 1년 동안 팔린 것(매입한 상품총액에서 연말 현재 미판매된 재고를 빼면 됨)만 매출원가로 처리해야 한다.
  관련 증빙은 세금계산서나 계산서인데 사업자가 아닌 농·어민으로부터 직접 구매한 것은 법정증빙수취대상에서 제외되므로 통장이체내역이나 간이영수증 등을 통해 지출 사실을 증명하면 된다.

- **건물주에게 월세를 계좌이체로 지급했다.**
  임차료이며, 건물주로부터 세금계산서를 받아야 한다.

- **월말에 전기요금 및 가스비와 수도요금을 이체지급하다.**
  전력비와 가스수도비이며, 관련 고지서(영수증)와 통장이체내역이 있으면 된다.

- **사업용차량에 대한 자동차보험료와 자동차세를 이체지급하다.**
  보험료와 세금과공과이며, 관련 고지서(영수증)와 통장이체내역이 있으면 된다.

차량과 관련된 기타비용은 모두 차량유지비로 처리하고 세금계산서나 신용카드전표를 받아야 한다.

- **월말에 핸드폰요금 및 전화요금을 이체지급하다.**
  통신비이며 관련 고지서(영수증)와 통장이체내역이 있으면 된다.

- **배달앱 업체에 수수료를 지급하다.**
  지급수수료이며 세금계산서를 받아야 한다. 기업체가 아닌 배달라이더(개인사업자로서 면세사업자라 세금계산서를 발행하지 못함)에게 지급하는 경우는 인적용역수수료로 3.3%의 세금을 떼고 지급해야 한다.

- **직원월급과 알바 인건비를 지급하다.**
  급여와 일용급여(또는 잡급)이며 각각 근로소득세와 일용근로소득세를 원천징수하고 국세청에 지급명세서(직원은 다음해 2월에, 알바는 다음달 말일까지)를 제출해야 한다. 직원에 대한 공적보험료(국민·건강·고용보험료) 부담액은 복리후생비로 처리한다.

- **판촉을 위한 전단지 제작비용을 이체지급하다.**
  광고선전비이며 세금계산서나 신용카드전표를 받아야 한다

- **은행 대출금에 대한 이자를 이체지급하다.**
  이자비용이며 통장이체내역이 있으면 된다.

- **거래처 박 사장의 부친 장례식에 경조화환과 부의금을 전달하다.**
  업무추진비이며 세금계산서나 신용카드전표를 받아야 한다. 단, 부의금과 축의금등 경조금은 건당 20만 원까지 증빙없이 경비로 처리할 수 있다. 업무추진비는 개인사업자 등 중소기업의 경우 1년에 기본적으로 3,600만 원(한도)까지 경비로 인정된다.

- **가맹점 본사에 판매수수료를 지급하다.**
  판매수수료이며 세금계산서를 받아야 한다.

- **가맹점 본사의 담당직원과 함께 식사하다.**
  업무추진비이며 세금계산서나 신용카드전표를 받아야 한다.

- **명절에 거래처와 직원들에게 명절선물을 하다.**
  복리후생비로서 세금계산서나 신용카드전표를 받아야 한다.

지금까지 열거한 필요경비로 들어가는 금액은 모두 관련증빙(세금계산서 또는 카드전표)에서 부가가치세를 제외한 금액이다. 경비를 지출할 때 사업자가 부담한 부가가치세를 **매입세액**이라고 하는데, 이는 부가가치세를 신고할 때 사업자가 내야 할 **매출세액**(매출시 받은 부가가치세를 말함)에서 공제받기 때문에 경비에 해당하지 않는다.

단, 차량 중 승용차와 업무추진비에 관련된 부가가치세는 매입세액공제가 불가능하므로 부가가치세를 포함한 총액을 경비로 처리해야 한다. 아울러 사업 초기 투자한 인테리어비용이나 차량구입비용도 잊지 말고 5년간 나누어서 매년 감가상각비로 넣어야 한다.

📑 결손금을 잘 챙겨야 한다
....

사업하다보면 수입보다 경비지출이 더 많은 해가 생긴다. 수입금액에서 필요경비를 뺀 금액이 마이너스일 때, 이를 흔히 적자라고 말하지만 세무상 정확한 표현은 **결손금**이다. 결손금이 발생한 해에는 소득세를 내지 않아도 된다.

그런데 결손금이 발생한 다음해부터는 이를 **이월결손금**이라고해서 다음해 이후의 소득에서 빼주는 데, 이를 이월결손금공제라고한다. 한마디로 과거에 적자 본 만큼을 올해 소득에서 빼주는 제도다. 사업소득에서 종합소득공제를 하기 전에 우선 이월결손금을 먼저 뺀다.

예를 들어, 최 사장의 작년 결손금이 7,000만 원이고 올해의 사업소득은 4,000만 원, 종합소득공제는 1,000만 원이라고 가정하자. 사업소득 4,000만 원에서 이월결손금 중 4,000만 원을 차감하면 과세표준이 영(0)이 된다. 결국 작년의 결손금이 너무 많아 올해 전액을 공제받지 못하는 셈이며 소득공제도 전혀 받지 못한다.

이 경우 소득공제는 해마다 공제되는 것이므로 공제받지 못한 금액이 내년으로 이월되지 않는다. 하지만 이월결손금은 올해 공제받지 못한 나머지 3,000만 원이 내년으로 이월공제되며 결손이 발생한 후 15년까지 이월공제가 가능하다.

단, 결손금을 공제받으려면 결손금이 발생한 사실을 장부기장을 통해 증명해야 하므로 장부없이 추계로 소득을 신고하는 경우는 결손금 이월공제가 불가능하다.

▶ 결손금의 이월공제 ◀

	작년	올해	
사업소득	(7,000만 원)	4,000만 원	
이월결손금	→	(4,000만 원)	…… 미공제액 3,000만 원은 내년으로 이월
종합소득공제		(1,000만 원)	…… 미공제액은 자동소멸
과세표준	0원	0원	

프리랜서와 유튜버는 근로자가 아닌 사업자다

근로소득자인 직장인이 투잡Two-Job을 할 경우 큰 자본 투자없이 비교적 쉽게 할 수 있는 것은 인터넷을 이용한 스마트스토어 등 전자상거래와 프리랜서, 유튜브 사업이다. 이들을 통해 얻은 소득은 모두 사업소득에 해당하므로 자신의 근로소득과 합산하여 종합소득신고를 해야 한다.

(1) 프리랜서 사업자

프리랜서는 자유직업소득자라고도 하는데 세법상 정확한 표현은 **인적용역사업자**다. 즉, 불특정다수를 대상으로 자신의 용역을 제공해서 그 대가를 받는 직업인데, 노동력을 제공한다는 점에서 근로소득과 비슷하지만 특정 사업장에 고용되지 않는다는 점에서 차이가 있다. 혼자서 각종 인적용역을 제공하는 사업이다보니 사업장이 따로 없다는 점도 다른 사업자와의 차이점이다.

번역이나 교정, 편집, 디자인, 개인교습, 자문, 운동지도, 소프트웨어개발, 회계(기장)업무대리 등 자신의 전공을 살려서 다양한 유형의 인적용역사업을 할 수 있다.

인적용역사업자가 용역대금을 받을 때는 3%(지방소득세 포함시 3.3%)의 소득세를 떼고 받는데, 이로써 세금납부절차가 마무리되는 것은 아니다. 원천징수의무자로부터 제출받은 지급명세서를 통해 다음 해 5월에 국세청에서는 해당 사업자에게 종합소득세 신고 안내문을 보낸다. 안내문에는 전년도의 수입금액이 찍히는데, 여기서 필요경비를 뺀 사업소득에 대한 소득세를 계산한 다음, 이미 원천징수당한 3%의 소득세를 차감해서 차액을 추가로 내거나 환급받아야 한다.

이때 신규사업자인 경우에는 첫해 수입금액이 7,500만 원 미만, 계속사업자인 경우에는 전년도의 수입금액이 3,600만 원 미만이면서 당해연도 수입금액이 7,500만 원 미만이라면 이미 정해진 단순경비율(대략 65~75% 수준이며 국세청 홈페이지에서 확인할 수 있다)로 소득세를 계산할 수 있어서 매우 편하다. 게다가 단순경비율이 비교적 높기 때문에 대부분 원천징수할 때 떼였던 3%의 세금을 환급받는다.

한편, 인적용역사업은 면세사업이므로 부가가치세신고는 하지 않아도 된다.

(2) 유튜브 사업자

흔히 말하는 유튜버인데, 세법상 정확한 표현은 1인 미디어 창작자다. 집에서 혼자 휴대폰이나 촬영 카메라 등 장비를 사용해서 영상제작을 하고 이를 통해 수익을 창출하는 경우로서 **인적용역사업**(국세청의 업종코드번호는 940306이며 **1인 미디어 콘텐츠 창작자**)에 해당한다. 단, 개인의 인적용역사업만 면세이기 때문에 법인으로 운영할 경우에는 반드시 과세사업자로 등록해야 한다.

이와 달리 사업장에 인적·물적설비를 갖추고 있는 경우, 즉 편집자나 촬영기사 등 직원을 고용하거나 전문 촬영장소(스튜디오)를 갖추어 비교적 규모 있게 사업하는 경우에는 **정보통신업**(국세청의 업종코드번호는 921505이며 **미디어 콘텐츠 창작업**)으로서 과세사업자에 해당한다.

유튜브 사업자라고 해서 일반사업자와 다른 것은 전혀 없다. 매출을 통해 돈을 벌고 이에 대해 세법 규정대로 세금을 내면 아무 문제가 없다. 1인 미디어 콘텐츠 창작자의 단순경비율은 64%이므로 전년도 매출액이 3,600만 원 미만이고 당해연도 매출액이 7,500만 원 미만이면 수입의 36%만 소득으로 신고하면 된다.

유튜브 사업자 중 면세사업자는 부가가치세 신고 없이 종합소득세만 신고·납부하면 되지만 과세사업자는 부가가치세와 종합소득세를 모두 신고·납부해야 한다. 면세사업자인 경우에는 자신이 부담한 매입세액을 공제받거나 환급받지 못하므로 부가가치세 환급을 원한다면 면세포기신청서를 제출하고 과세사업자로 등록하는 것이 유리하다.

📋 직장인의 꿈, 임대사업에 대한 소득세는 이렇게 계산하고 신고한다

임대사업은 대부분 사람들이 꿈꾸는 로망이다. 주택·상가 등을 사서 임대하면 굳이 힘들게 일을 하지 않더라도 매월 안정적인 현금흐름을 얻을 수 있기 때문이다. 임대업도 사업에 속하므로 부동산 임대를 통해 번 돈은 사업소득에 해당한다.

다른 사업소득과 마찬가지로 1년 동안 받은 임대료(월세)금액이 수입금액이며 여기서 임대사업을 위해 지출한 필요경비를 뺀 것이 사업소득금액이다.

> 임대사업소득 = 임대수입금액(임대료) - 필요경비

(1) 수입금액의 계산

임대사업소득은 종합소득이므로 다른 종합소득금액과 합산하여 종합소득세를 신고하고 납부한다. 수입금액은 1년 동안 받은 임대료인데, 임대인은 받은 임대료의 10%를 부가가치세로 내야(주택임대는 부가가치세 면세이므로 제외)하므로 세입자로부터 이를 별도로 받을 수 있다. 이 경우 임대수입금액은 내야 할 부가가치세를 제외한 금액을 말한다.

예를 들어, 상가건물의 매월 임대료가 330만 원이고 이에 대한 부가가치세 33만 원을 따로 받은 경우 임대수입금액은 연 3,960만 원(330만 원 × 12월)인 셈이다. 만약 330만 원이 부가가치세를 포함해서 받은 것이라면 임대수입금액은 3,600만 원(300만 원 × 12월)이 된다.

그런데 대부분 임대료와 별도로 임대보증금을 받는다. 이 경우 임대보증금에 대한 이자상당액도 임대수입금액에 포함시켜야 한다. 이를 **간주임대료**라고 하는데, 임대보증금에 세법에서 정한 이자율을 곱해서 계산한다. 보증금에 대한 이자상당액을 임대인의 추가적인 수입으로 간주해서 소득세를 매기는 것이다.

예를 들어, 임대한 상가의 임대보증금이 5억 원이고 매월 임대료가 300만 원일 때 세법에서 정한 이자율이 3%라면 간주임대료 1,500만 원(5억 원 × 3%)을 포함한 임대수입금액은 모두 5,100만 원 {1,500만 원 + (300만 원 × 12월)}이 된다.

임대사업자가 장부를 기장하지 않는 경우(추계과세라고 한다)에는 이와 같이 간주임대료를 별도로 더해야 한다.

그러나 임대사업자가 기장을 하고 보증금에서 발생한 이자수익을 회계장부상 수입금액에 포함시킨 경우에는 중복과세가 되므로 장부에 반영된 이자수익을 차감해야 한다. 또한 보증금이 건물(토지는 제외) 취득에 사용된 만큼은 간주임대료 계산대상에서 제외한다.

예를 들어, 앞의 사례에서 보증금 5억 원 중 3억 원이 건물취득 금액으로 사용됐으며, 장부에 반영된 임대보증금에 대한 이자수익이 1,000만 원이라면 간주임대료는 0원((5억 원 - 3억 원) × 3% - 1,000만원)이 된다. 따라서 임대보증금이 많거나 보증금을 받아서 건물취득 대금으로 사용한 경우에는 기장을 해서 간주임대료가 수입금액에 포함되지 않게 하는 것이 좋다.

(2) 필요경비의 계산

임대사업자가 필요경비를 계산하는 방법은 두 가지다.

첫째, 임대사업자가 임대사업을 위해 실제 지출한 비용을 증빙을 갖춰 비용으로 처리하는 방법이다. 그런데 임대사업의 경우 사업관련으로 지출할 비용이 별로 없다는 점이 고민이다.

임대사업의 필요경비는 건물에 대한 감가상각비, 수선비, 중개수수료, 임대부동산에 대한 재산세와 종합부동산세 및 보험료, 부동산 취득자금으로 사용된 차입금의 이자 등이 있을 수 있다.

그런데 건물 취득금액의 대부분은 토지대금인데, 토지는 감가상각이 불가능하기 때문에 생각보다 감가상각비가 많지 않으며 다른 비용들도 금액이 많지 않다. 비교적 크게 지출되는 금액은 건물관리를 위한 인건비인데 이는 규모가 큰 건물이라야 가능하다.

둘째, 장부없이 국세청에서 정해준 경비율만큼 필요경비로 넣는 방법이다. 부동산임대업의 경우 연간 수입금액이 2,400만 원 미만이면 **단순경비율**, 2,400만 원 ~ 7,500만 원 미만이면 **기준경비율**에 해당하는 금액을 경비로 처리할 수 있다.

일반 주택임대업의 단순경비율이 42.6%이므로 만약 임대수입금액이 2,300만 원이라면 수입의 42.6%인 980만 원을 필요경비로 인정하므로 임대소득은 1,320만 원(2,300만 원 - 980만 원)으로 계산된다. 이 경우 필요경비 980만 원에 대한 지출증빙은 없어도 된다.

▶ 임대사업유형별 단순경비율과 기준경비율 ◀

업종코드	업 종 명	단순경비율	기준경비율
701101	부동산 / 고가주택임대	37.4	15.2
701102	부동산 / 일반주택임대	42.6	17.2
701103	부동산 / 장기임대공동, 단독주택	61.6	20.1
701104	부동산 / 장기임대다가구주택	59.2	21.3
701201	부동산 / 점포(자기땅)	41.5	16.7
701202	부동산 / 점포(타인땅), 소규모점포	36.9	10.9

그런데 기준경비율은 단순경비율에 비해 매우 낮은 데다, 임대업은 특성상 주요경비(매입비용·임차료·인건비)가 따로 발생하지 않

는 업종이라서 불리하다. 따라서 연간 임대료를 2,400만 원 미만(넘을 경우에는 공동명의로 분산해도 된다)으로 하는 것이 가장 좋으며, 만약 2,400만 원을 초과하면 장부를 기장해서 실제 지출한 비용을 경비로 처리하는 것이 바람직하다.

📇 주택임대사업과 상가임대사업은 세무상으로 차이가 많다

주택임대는 본인과 배우자의 주택을 합하여(자녀의 주택은 합산하지 않음) 2주택 이상부터 소득세를 과세한다. 따라서 1주택자인 경우에는 설령 월세수입이 있다고 하더라도 소득세를 내지 않으며 전세보증금에 대한 간주임대료도 3주택 이상부터 포함시킨다.

예를 들어, 부모가 소유한 주택에서 함께 사는 자녀가 투자용으로 아파트를 사서 월세를 받는 경우 소유자인 자녀는 1주택자이므로 월세수입에 대해 임대소득세를 내지 않아도 된다. 이 경우 만약 아파트를 부모명의로 취득했다면 부부합산 2주택자이므로 월세수입에 대해서는 임대소득세를 내야 한다.

단, 1주택인 경우에도 공시가격이 12억 원 이상인 고가주택(단독이나 다가구주택 등)은 월세수입에 대해 임대소득세를 내야 한다.

(1) 주택 임대사업자의 세금

주택은 상가와 달리 2주택까지는 임대보증금에 대한 간주임대료를 합산하지 않으며 임대용역에 대한 부가가치세가 면제되므로 부가가치세를 신고·납부하지 않는다. 게다가 주택임대수입이 연간 2,000만 원 이하인 경우에는 임대사업소득을 다른 종합소득에 합산하지 않고 분리과세 한다.

즉, 종합소득신고시 임대소득에 대해서는 별도로 14%의 세율을 곱한 금액만 납부하면 된다. 이 경우 수입금액의 50%(주택임대사업자로 등록을 한 경우에는 60%)를 필요경비로 인정해준다. 만약 다른 종합소득이 적어서 종합과세하는 것이 더 유리하다면 종합소득에 합산해도 된다.

주택은 상가와 달리 **임대사업자등록**이 필수는 아니다. 하지만 필요경비를 10% 더 많이 인정받거나 소형주택을 임대하는 경우 임대소득세를 감면받기 위해서는 사업자등록을 해야 한다.

예를 들어, 종합소득이 1억 원인 사람이 임대사업자등록을 하고 투자용 아파트를 사서 보증금 2억 원에 매월 165만 원의 월세를 받을 경우 임대소득은 연간 임대수입 1,980만 원에서 필요경비 1,188만 원(1,980만 원 × 60%)을 뺀 792만 원이다. 그리고 이에 대해서 지방소득세를 포함하여 15.4%인 122만 원의 소득세를 내면 된다.

따라서 주택임대의 경우 장부없이 단순경비율을 적용하기 위해서는 앞서 살펴본대로 연간 임대수입이 2,400만 원 미만이어야 하지만, 더 높은 경비율(50~60%)을 인정받고 14%로 분리과세하기 위해서는 임대수입을 2,000만 원 이하로 설계하는 것이 가장 최선의 방법이다.

(2) 상가 임대사업자의 세금

상가임대용역에 대해서는 부가가치세를 내야 하므로 상가를 임대하는 경우에는 반드시 사업자등록을 해야 한다. 임대료를 받을 때마다 세금계산서를 발행해서 임대료의 10%를 부가가치세로 받아 6개월마다 세무서에 신고·납부해야 한다. 추계로 신고할 경우에는 간주임대료에 대한 부가가치세도 납부해야 한다.

매월 받은 임대료에 대한 종합소득세는 다음 해 5월에 신고·납부하면 되는데, 상가임대소득은 분리과세없이 전액 종합과세된다.

간주임대료를 포함한 전년도의 임대수입이 연간 2,400만 원 이하라면 단순경비율로 소득을 계산하면 된다. 하지만 2,400만 원을 초과하는 경우에는 단순경비율을 적용받지 못하므로 다음 해부터는 장부기장을 통해 필요경비를 최대한 많이 넣어야 한다. 주택이든 상가든 보유부동산에 대한 재산세와 종합부동산세는 매년 별도로 내야 한다.

▶ 주택과 상가임대에 따른 소득세와 부가가치세 ◀

항목	주택	상가
과세대상	2주택 이상(고가인 1주택은 과세대상)	모든 상가
과세범위	월세*	월세 + 간주임대료
단순경비율적용	임대수입금액 < 2,400만 원	
분리과세 기준	임대수입금액 < 2,000만 원	분리과세 없음
부가가치세	면세	과세

* 3주택 이상인 경우에는 {(임대보증금(총액) - 3억 원) × 60%}에 대한 간주임대료를 포함시킨다.

06

일시적으로 생긴 소득에도 세금을 뗀다

기타소득은 어쩌다 생긴 소득이다

종합소득 중 근로나 사업소득은 계속적·반복적으로 발생하는 소득이다. 그런데 기타소득은 이와 달리 일시적으로 생긴 1회성 소득을 말한다. 따라서 일반적으로 자주 생기는 소득은 아니다. 하지만 이렇게 어쩌다 생긴 소득도 세금을 내야 하는데, 어쩌다 생긴 소득이다 보니 소득자가 스스로 신고하지 않는 이상 과세하기가 매우 어렵다.

그래서 기타소득을 지급할 때는 지급자로 하여금 아예 세금을 떼게(원천징수)하고 그 지급명세서를 제출하게 하는데, 소득세를 내야 하는 기타소득에는 다음과 같은 것이 있다.

> - 상금·보상금(국가로부터 받은 상금과 국가유공자 보상금은 비과세), 포상금, 위약금, 배상금 등
> - 복권이나 각종 경품당첨금
> - 일시적인 인적용역대가(강연료, 원고료, 저작권사용료, 방송출연료 등)
> - 일시적인 알선수수료, 사례금, 대여료
> - 가상자산(비트코인)의 양도소득(2027년부터 과세할 예정)

🖩 기타소득세는 이렇게 계산하고 신고한다

기타소득도 다른 소득과 마찬가지로 수입금액에서 필요경비를 차감한다. 수입금액은 소득자가 지급받은 금액이며, 필요경비는 해당 기타수입을 얻기 위해 들어간 비용을 뜻한다. 그런데 기타소득은 성격상 어쩌다 일시적으로 생긴 것이다 보니 필요경비가 없는 것이 대부분이다. 그래서 상금(남용을 막기 위해 주무관청의 승인을 얻어 시행하는 경우에 한함)은 수입의 80%를, 일시적인 인적용역대가는 60%를 필요경비로 인정해준다.

기타소득에 대한 원천징수세율은 20%이며, 지급자는 기타소득의 20%를 원천징수하고 지급한다.

> 기타소득 = 수입금액 - 필요경비

　예를 들어, 일시적으로 용역을 제공하고 그 대가로 1,000만 원을 받았을 경우 60%인 600만 원을 필요경비로 차감하면 기타소득은 400만 원이다. 이에 대해 20%를 곱한 80만 원이 기타소득세이므로 지급액을 기준으로는 8%를 떼는 셈이며, 지방소득세를 포함하면 8.8%가 원천징수되는 세금 총액이다. 소득자는 결국 88만 원의 세금을 공제한 912만 원을 받게 되는데 기타소득도 종합소득이므로 다음해 5월에 다른 소득과 합산하여 신고하고 정산해야 한다.

　이렇게 원천징수된 경우에는 지급사실을 국세청에서 이미 인지하고 있는 것이므로 종합소득신고를 안할 수가 없으며 다음해 5월 초에 집으로 신고안내문까지 날아온다.

　단, 필요경비를 차감한 기타소득금액이 1년에 300만 원 이하인 경우에는 분리과세가 가능하다. 따라서 이런 경우에는 종합소득에 포함시켜 신고해도 되고 제외시켜도 상관없으므로 본인에게 유리한 쪽으로 선택하면 된다.

📄 근로소득, 일용근로소득, 사업소득, 기타소득의 구분법

용역제공이란 누군가를 위해 노동력을 제공해서 일을 하는 것을 말한다. 자신을 고용한 자에게 계속적으로 용역을 제공하고 받은 대가가 근로소득이다. 일용근로소득도 사업주가 고용했다는 점에서는 일반근로자와 같지만 사업주가 필요할 때마다 일별로 고용하는 것이므로 계속근로가 아니라는 점에서 다르다.

그러나 인적용역사업소득은 특정인에게 고용되지 않고 다양한 상대방을 대상으로 계속적으로 용역을 제공해서 돈을 버는 것을 말하는 것으로서, 일명 **프리랜서**라고 한다. 프리랜서는 사업자이긴 하지만 부가가치세가 면세이므로 사업자등록을 꼭 해야 하는 것은 아니다. 사업자등록을 안했더라도 지급자가 주민등록번호로 얼마든지 원천징수할 수 있으며, 이런 경우 용역대가를 받은 사람에게는 사업소득이 발생한 것이다.

골프장의 경기보조원, 보험설계사, 자동차딜러, 방문판매원, 학습지교사, 배달라이더, 대리운전기사, 간병인 등 무수히 많은 프리랜서 사업자가 있다.

요즘은 좋은 직장을 구하는 것도 어려운데다 사람들이 특정 사업장에 종속되지 않고 자유롭게 일하는 것을 선호하다보니 이런 인적용역사업자가 많이 증가하고 있는 추세다. 용역대가를 지급하는 사업주의 입장에서도 고용에 따른 추가비용(퇴직금·국민연금·건강보험료)부담 때문에 근로자보다 인적용역사업자를 더 선호한다.

그런데 이런 인적용역제공을 사업적으로 계속 하는 것이 아니라 일시적으로 제공하고 대가를 받으면 기타소득이 된다. 문제는 동일한 인적용역소득도 지급자가 어떻게 원천징수하느냐에 따라 세금부담이 달라진다는 점이다.

일용근로소득은 일별로 15만 원을 필요경비로 공제하고 소득세를 내는데다, 무조건 분리과세되기 때문에 가장 유리하다.

기타소득에 해당하는 인적용역소득도 60%를 필요경비로 인정해주므로 근로소득에 비하면 세금부담이 현저히 적다. 또한 직전년도의 연간 수입이 3,600만 원 미만이면서 당해연도의 수입금액이 7,500만 원 미만이면 단순경비율로 소득세를 계산할 수 있는데, 대체로 60~70%를 필요경비로 인정해준다.

단, 기타소득은 연간 300만 원(필요경비를 뺀 후의 금액임)을 초과할 경우에 종합소득신고를 해야 하지만, 인적용역사업소득은 금액에 상관없이 무조건 종합소득신고를 해야 한다.

종합소득세 절세를 위해 해야 할 일

07

📋 종합소득신고를 해야 하는 사람은 누구일까?

종합소득은 소득자별로 1년 동안 벌어들인 6가지 소득을 합산한 것인데, 분리과세소득은 종합소득에 합산되는 것이 아니므로, 만약 분리과세소득만 있는 사람은 종합소득신고를 하지 않아도 된다. 받을 때 원천징수당한 것으로 소득세 납부절차가 마무리되기 때문이다.

이자와 배당소득을 합한 금융소득이 2,000만 원 이하이거나 주택임대수입이 2,000만 원 이하인 경우, 그리고 일용근로소득 및 1,500만 원 이하인 사적연금소득이 분리과세 소득에 해당한다. 근로소득만 있는 경우도 마찬가지로 신고의무가 없다.

퇴직소득도 종합소득에 포함되지 않으므로 원천징수로 끝난다. 부동산 양도소득은 양도일의 다음 다음달 말일까지 예정신고했다면 따로 신고하지 않아도 된다. 단, 부동산 양도 건수가 한 해에 2건 이상이거나 해외주식 양도소득자는 다음 해 5월에 반드시 종합소득신고를 해야 한다.

따라서 종합소득신고를 하는 사람은 대부분 사업소득자라고 보면 된다. 또는 근로소득자 중에서 종합과세대상인 다른 소득이 있는 경우에도 신고의무가 있다. 특히 사업자 중 프리랜서라고 불리는 인적용역사업자들은 용역대금을 받을 때 지급자가 3%의 소득세를 원천징수했다고 하더라도, 사업소득자이므로 반드시 다음 해 5월에 종합소득신고를 통해 정산해야 한다.

이런 경우 자신이 받은 수입금액의 3%를 원천징수당했지만 필요경비를 차감한 사업소득을 기준으로 계산하면, 내야 할 세금이 3%에 미달하여 오히려 종합소득신고를 통해 원천징수당한 소득세를 환급받을 수 있다. 하지만 대부분은 원천징수로 끝난 줄 알고 종합소득신고를 안하다 보니 환급세액을 놓치는 경우가 많다.

📇 직장인으로 연말정산을 마쳤는데도 종합소득신고를 또 해야 하나요?

대부분의 직장인들은 직장에서 받은 급여가 소득의 전부다. 근로소득이 비록 종합소득에 해당하지만 이렇게 근로소득만 있는 경우는 해당 직장에서 연말정산으로 소득세를 확정하므로 따로 종합소득세 신고를 하지 않아도 된다.

다만, 근로소득 이외의 다른 종합소득이 있는 경우에는 반드시 합산해서 신고하고 그 결과에 따라 정산(추가납부 또는 환급)해야 한다. 물론 분리과세되는 소득은 종합소득이 아니므로 신경쓰지 않아도 된다.

이렇게 근로자로서 종합소득신고를 해야 하는 경우는 주로 직장 퇴근 후 따로 사업을 한다든지, 임대료 수입이 있거나 배당투자를 통해 1년에 2,000만 원을 초과하는 배당금을 받은 경우 등이 있을 수 있다.

참고로 보험모집인·방문판매원·음료품배달원 등은 사업자이지만 그 수가 매우 많아 연간 수입금액이 7,500만 원 미만인 경우에는 근로자처럼 종합소득을 신고하지 않고 해당 사업장에서 연말정산하는 것으로 마무리한다.

🖬 소득공제와 세액공제가 절세의 핵심이다

종합소득세를 절세하기 위해서는 필요경비 못지 않게 소득공제와 세액공제를 최대한 많이 받아야 한다. 자신이 받을 공제항목을 미리 파악하고 연초부터 미리 준비해야 한다. 건강보험료와 국민연금보험료 납부액은 납입내역이 국세청홈택스에 자동으로 반영되므로 신경쓰지 않아도 된다.

소득공제에서는 신용카드사용공제, 세액공제에서는 보험료, 의료비, 교육비, 기부금를 지출할 때 공제가능액을 예상하고 누구의 카드로 지출하는 것이 유리할지도 따져봐야 한다. 특히 연금저축에 대한 세액공제를 위해서는 장기적인 계획을 세워야 한다.

단, 사업자처럼 근로소득이 없는 경우에는 신용카드사용공제와 보험료, 의료비, 교육비에 대한 세액공제가 불가능하다. 하지만 연금저축세액공제는 누구나 가능하며 사업자에게는 추가로 노란우산공제라는 절세상품이 있으므로 이를 최대한 활용해야 한다. **노란우산공제**는 중소기업중앙회에서 운영하는 것으로서 매년 일정액(사업소득이 4,000만 원 미만이면 600만 원, 4,000만 원~1억 원미만이면 400만 원, 1억 원 초과이면 200만 원이 납입한도액임)을 납입하면 폐업시에 납입한 원금과 이자를 돌려준다. 마치 은행의 적금상품과 비슷한데, 사업자의 특성상 퇴직금이 없으므로 폐업이후를 대비해서 스스로 퇴직금을 마련하는 제도라고 보면 된다. 매년 납입액에 대해 전액을 소득공제해준다.

한편, 사업자는 근로자와 달리 건강보험료와 기부금납입액을 각각 소득공제와 세액공제하지 않고 필요경비에 포함시킨다.

08

종합소득세보다
더 무서운 건강보험료

📄 모든 소득에는 세금 아닌,
세금 같은 건강보험료가 따라 붙는다

건강보험료를 준조세라고 하는 이유는 분명히 세금은 아닌데, 세금처럼 강제적으로 징수하기 때문이다. 국민건강보험법에 따라 정부가 소득과 재산에 비례해서 징수하는 것인데, 세금못지 않게 그 부담이 매우 크다.

소득이 투명하게 확실히 드러나는 근로자의 경우에는 소득만을 기준으로 부과된다. 건강보험료에는 고용보험료와 장기요양보험료가 추가로 붙는데 이를 모두 포함하면 기준소득월액(비과세급여 제외)의 약 8%에 해당한다. 이를 회사와 근로자가 반반씩 나눠내는 것이므로 월보수가 300만 원이라면 근로자가 내야 하는 금액이 4%인 약 12만 원이다. 매월 급여지급시 소득세와 함께 원천징수하는 것 이므로 안 낼 도리가 없다.

📑 급여외 소득에 대한 건강보험료에는 이렇게 대비하라!

급여에 대한 건강보험료를 냈다고 하더라도 다른 종합소득이 있는 경우에는 추가로 건강보험료를 내야 하는데, 이를 보수외소 득에 대한 건강보험료라고 한다. 5월에 종합소득신고를 하면 건강 보험관리공단에서는 국세청으로부터 종합소득 신고자료를 받아서 근로자 중 보수외소득이 있는 사람에게 11월부터 추가로 건강보험 료를 부과한다는 통지를 한다.

보수외소득은 근로소득 이외의 나머지 모든 소득(이자·배당·사 업·연금·기타소득)이 포함된다. 더구나 종합소득에 합산되지 않았던 분리과세 이자와 배당소득으로서 연간 1,000만 원이 넘는 경우와 2,000만 원 이하의 주택임대소득도 포함된다. 다만, 연금소득은 사 적연금을 제외한 공적연금 수령액의 50%만 포함시킨다.

이들 보수외소득의 합계액에서 2,000만 원을 공제한 것이 보험 료부과대상인 보수외소득인데, 이 금액에 8%를 곱한 건강보험료를

12개월로 나누어 매월 고지한다. 이 소득은 고용된 회사에서 받은 것이 아니므로 8%를 본인이 전액 부담해야 한다.

예를 들어, 조 과장의 경우 올해 국내에 상장된 해외 ETF 매도를 통해 3,000만 원의 차익을 실현했고 이자소득 500만 원과 주택임대소득이 1,000만 원(필요경비 차감후)이 있었다면 보수외소득은 모두 4,500만 원인데, 여기서 2,000만 원을 공제한 2,500만 원이 건강보험료 부과대상인 보수외소득이다. 이에 대해 보험료율 8%를 적용하면 건강보험료는 연간 200만 원이므로 내년 11월부터는 이에 대한 고지를 받아 매월 약 16만 7,000원의 건강보험료를 추가로 내야 한다.

보수외소득이 있더라도 2,000만 원을 공제하기 때문에 2,000만 원까지는 상관없다. 따라서 연간 보수외소득이 2,000만 원을 넘기지 않도록 해야 한다. 보수외소득이 많을 경우에는 금융소득이나 임대사업소득의 명의자를 가족간에 분산하고 이자와 배당의 이익 실현시기를 연도별로 분산해야 한다.

한편, 퇴직소득과 양도소득은 종합소득에 포함되지 않으므로 건강보험료와는 상관이 없다.

Q1 프리랜서 사업자로 연 수입은 7,000만 원 정도 됩니다. 현재는 기준 경비율로 신고를 하고 있는데 앞으로 소득이 좀 더 늘어나면 복식부기 의무 사업자가 될 듯 합니다. 그리고 업무용차량으로 중고 11인승 카니발(약 2,000만 원)을 구매하려고 합니다.

❶ 업무용 차량은 8인승 이하만 인정이 된다고 하던데, 11인승 카니발도 종합소득세 신고시 경비처리가 가능한지요?

✅ 사업자 명의로 등록된 사업용 차량은 차종에 상관없이 관련비용을 모두 사업경비로 처리할 수 있습니다. 다만, 8인승 이하의 승용차(경차는 제외)는 차량을 사거나 유지하는 과정에서 발생하는 부가가치세 매입세액을 공제(환급)해주지 않습니다. 11인승은 경비처리는 물론 부가가치세 매입세액 공제도 가능합니다.

❷ 차를 사면 차량운반구라는 과목으로 처리하는 걸로 아는데, 간편장부에 어떻게 기입을 해야 하나요?

✅ 지금처럼 기준경비율로 소득세를 계산할 때는 정해진 비율의 기준경비외에는 인건비, 임차료, 매입비용만 넣을 수 있습니다. 차량관련비용을 추가하려면 장부를 기장해야 하는데, 차량의 취득원가를 5년(60개월)으로 나눈 금액을 매년 감가상각비라는 비용으로 넣고 관련비용(유류대, 자동차세, 보험료, 수선비 등)을 지출증빙을 갖추어 비용으로 처리하면 됩니다.

❸ 국내 중소기업들의 수출을 도와 해외구매자를 연결해주는 프리랜서업무라서 따로 사무실이 없고 자택에서 근무를 하다보니 임차료 지출 또한 없어서 지

금은 기준경비율로 신고를 하고 있습니다. 해외에 사무실을 두고 해외현지업무를 보고 있는데 해외출장을 가는 비행기요금과 해외사무실 임차료를 경비처리하는 것이 가능할까요?

✅ 기준경비율로 신고하는 경우 임차료는 경비로 넣을 수 있지만 출장여비(비행기 요금, 숙박비 등)는 경비처리가 불가능합니다. 사업관련해서 발생하는 모든 지출을 경비로 처리하려면 간편장부든 복식장부든 장부기장을 해야 합니다.

❹ 복식부기를 세무사에게 맡기려고 하는데 비용이 얼마나 될까요? 또한 세무사 비용도 경비처리 인정이 되는 건가요?

✅ 세무사 사무실마다 다소 차이는 있지만 개인사업자의 경우 대체로 매월 8만 ~10만 원 선에서 기장대행 수수료를 받으며, 5월에 종합소득 신고시에 매출액을 기준으로 신고대행수수료를 따로 받습니다. 이와 관련된 모든 수수료비용도 사업관련 비용이므로 경비처리가 가능합니다.

....

Q2 연말정산에 대해 질문드립니다. 이번 년도에 1~3월까지는 A회사에서 계약직으로(4대보험 적용)일을 했고, 9월~12월까지는 B회사에서 계약직(4대보험 적용)으로 일을 할 예정인데, 내년 초에 연말정산할 때 A회사에도 연말정산자료를 제출해야 하는건지 궁금합니다.

✅ A회사에서 퇴사할 때 연말정산을 앞당겨서 하는데 이 때 연말정산에 필요한 서류를 제출하지는 않습니다. 회사에서 주는 원천징수영수증을 받아 이를 B회사에 제출하고, 현재 재직중인 B회사에 연말정산 서류를 제출하고 최종적인 연말정산을 하면 됩니다.

즉, B회사에서 연말정산할 때 A회사에서 받은 급여를 포함해서 연간 총급여에 대한 소득세를 계산한 후, A회사와 B회사에서 각각 원천징수한 소득세를 빼면 추가납부(또는 환급) 세금이 나옵니다. 만약 B회사도 연도 중에 퇴사해서 정산일 현재 미취업 상태라면 B회사를 나올 때도 원천징수영수증을 받아 다음 해 5월에 종합소득신고를 통해 스스로 정산해야 합니다.

....

Q3 연말정산 관련하여 10만 원을 기부하여 연말정산 세액공제 신청을 진행하고자 할 때 부양가족이 기부한 것도 공제가 가능한지요?.

✔ 본인이 아닌 가족이 기부한 것도 포함됩니다. 다만, 기부금을 낸 가족이 기본 공제대상자라야 하는데 자녀의 경우 나이는 상관이 없습니다. 즉, 기부자가 소득이 없는 배우자와 자녀라면 공제가 가능합니다.

....

Q4 22세인 대학생 자녀가 사용한 본인 명의의 신용카드사용 금액이 부모의 연말정산에서 공제대상이 될까요?

✔ 신용카드사용소득공제는 본인과 배우자 및 부양가족의 사용액을 포함해서 계산하는데, 소득이 있는 배우자와 자녀(나이는 무관함)는 제외됩니다. 따라서 20세 이상인 자녀의 경우 나이 때문에 부모의 연말정산시 기본공제대상에 포함되지 않았더라도 소득이 없다면 신용카드사용금액을 부모의 근로소득에서 소득공제받을 수 있습니다.

....

Q5 제가 현재 세전월급이 한 270만 원 정도 되는데요, 연봉으로는 세전 3,200만 원 정도입니다. 이번 달 월급을 받았는데 잔업이랑 생일축하금 등 때문에 세전으로 290만 원 정도 받았습니다. 그런데 그 전에는 소득세가 4만 원 정도였는데 이번 달의 급여명세표를 보니 6만 원으로 늘어났

더군요. 급여는 불과 몇 십만 원 늘었는데 세율이 올라가서 더 떼는건지 궁금합니다.

☑ 매월 원천징수하는 소득세는 간이세액표에 따른 것으로 매월 급여에서 비과세급여를 뺀 금액을 기준으로 합니다. 급여 270만 원에서 비과세식대 20만 원을 빼면 과세급여는 250만 원이고 이에 대한 간이세액은 4만 원입니다. 그런데 이번 달 급여가 20만 원 늘어서(잔업수당과 생일축하금 모두 급여에 해당함) 290만 원에 대한 간이세액을 적용하다보니 6만 원으로 증가한 겁니다.

하지만 근로자의 소득세는 연말정산을 통해 최종적으로 확정되는 것이므로, 매월 원천징수는 의미가 없으며 연말정산결과 원천징수된 소득세가 더 많다면 차액을 환급받게 됩니다.

Q6 **최근에 빌라 하나를 구입하게 되었는데요, 공시가격은 12억 원 이하입니다. 가구수는 20가구 정도 되고요, 전세와 월세가 섞여 있습니다. 임대보증금은 총 7억 5,000만 원이고 월세수입은 매월 총 150만 원입니다. 저는 이 빌라에 살고 있습니다.**
이럴 때 저를 1주택자로 보는지, 사업장현황신고 및 종합소득세 신고의무가 생기는 건지 궁금합니다. 임대사업자등록은 필수로 해야 하나요?

☑ 먼저 구입한 빌라가 다가구주택인지, 다세대주택인지를 판단해야 하는데 질문자의 경우에는 다가구주택인 것으로 추정됩니다. 다가구주택은 각 호실별로 구분등기가 불가능하므로 1채의 주택(단독주택)으로 봅니다. 따라서 부부합산 1주택자로서 공시가격이 12억 원을 초과하는 고가주택이 아니라면 주택임대소득은 비과세되므로 사업장현황신고는 물론 사업자등록 및 종합소득세 신고의무가 없습니다. 그러나 만약 부부 중 한사람이라도 다른 주택을 취득

하면 2주택자로서 빌라에서 발생하는 임대소득세를 신고해야 하므로 이 경우에는 세무서에 사업자등록을 해야 합니다.

한편, 다세대주택은 각 호실별로 소유권등기가 가능한 공동주택이므로 여러 호실을 소유한 경우에는 다주택자가 됩니다.

....

Q7 아버지 사업장에서 일하고 있는 청년입니다. 돈을 저축하고자 하는 마음에 아르바이트를 알아보고 있는데, 회사(아버지)에서 다른 알바를 하는 사실을 몰랐으면 좋겠어서 질문 드립니다. 직장에서의 매달 실 수령액은 220만 원 정도 되며, 아르바이트 구한 곳은 주 4회, 하루 7시간 근무이며, 시급은 14,000원입니다.

❶ 회사 모르게 하고 싶은데, 어떻게 해야 회사에서 모를 수 있을까요?

✅ 알바보수는 일용근로소득으로 무조건 분리과세입니다. 즉, 종합소득이 아니므로 돈을 받는 사람은 아무것도 할 필요가 없습니다. 집으로 종합소득 신고 안내문도 보내지 않기 때문에 다른 사람이 소득유무를 알 수 없습니다.

❷ 알바하는 곳에서 3.3%를 떼는데, 회사에서 연말정산시 제 소득이 늘어난 사실을 알 수 있나요?

✅ 시급이 14,000원이고 매일 근무시간이 7시간이면 일당이 98,000원이므로 일용근로소득의 과세기준액 15만 원에 미달하므로 소득세가 아예 없습니다. 그럼에도 불구하고 3.3%를 떼는 이유는 지급하는 사업장에서 일용근로소득이 아닌 사업소득으로 처리했기 때문입니다. 일용근로자도 한 달에 8일 이상 또는 60시간 이상 근로하면 4대 보험에 가입해야 하므로 이에 따른 사업주의 부담을 피하기 위해 일부러 사업소득으로 처리하는 경우가 많습니다. 3.3% 사업소득자에게는 다음해 5월에 종합소득 신고안내문이 날아옵니다.

❸ 이것 말고 제가 추가로 알아야 할 세무적인 내용이 있을까요?

✅ 질문자의 경우 아버지 사업장에서 받은 근로소득이 있으므로 연말정산과 상관없이 내년 5월에 종합소득신고(근로소득과 사업소득을 합산하되, 사업소득 중 인적용역사업소득으로 신고하고 정해진 필요경비를 공제)를 해야 합니다. 이렇게 합산하면 세율이 한 단계 올라갈수도 있습니다. 집으로 오는 신고안내문이 신경쓰이거나 종합소득신고가 번거로우면 해당 사업장에 일용근로소득으로 처리해 달라고 요청해야 합니다.

📋 **Q8** **개인사업을 운영중인 청년입니다. 현재 청년도약계좌에 월 70만 원, 청년주택드림청약통장에 월 10만 원, 노란우산공제에 월 50만 원을 납부하고 있습니다. 거래중인 세무사 사무실에서 5년 동안 청년창업소득세 감면 혜택 대상이라 노란우산이 굳이 필요는 없다고 하셨는데 무슨 말인지 잘 모르겠습니다. 앞으로 도약계좌나 청약통장 금액을 더 올리고 노란우산공제 납부금액을 줄여야 할까요?**

✅ 노란우산공제는 사업자만 가입할 수 있는 절세용 상품입니다. 사업소득이 4,000만 원 이하인 경우 연간 600만 원(매월 50만 원)을 납입하면 종합소득을 계산할 때 납입금액을 소득공제받고 납입한 돈은 나중에 폐업할 때 이자와 함께 돌려받습니다. 그런데 질문자의 경우 청년창업에 대한 감면혜택으로 소득세를 안낸다면 굳이 이 상품에 가입할 이유는 없습니다. 금리가 더 높은 상품에 투자하고 나중에 감면기간이 끝나서 소득세를 내게 될 때, 소득공제 한도인 연간 600만 원(월 50만 원)에 맞춰서 납입하는 것이 유리합니다.

Q9 현재 알바중이고 알바로 번 돈은 올해 1,500만 원이 넘을 것 같습니다. 정규직은 아니고 4대 보험 가입된 아르바이트를 3개 병행하고 있습니다. 그럼 제가 따로 연말정산도 하고 종합소득세 신고도 해야 되나요? 그리고 부모님이 제가 올해 얼마를 벌었는지 알 수 있나요?

✅ 알바로 번 소득은 일용근로소득이라고 해서 금액이 얼마이든 무조건 분리과세입니다. 즉, 일한 사업장에서 돈을 받을 때 이미 소득세를 떼고 주는 것이며 그것으로 모든 것이 끝납니다. 종합소득에 들어가는 것이 아니므로 다음 해 5월에 집으로 신고안내문도 오지 않을거라 집에서 알게 될 일은 없습니다. 단, 사업장에서 일용근로소득으로 처리했는지, 사업소득으로 처리했는지를 확인해야 합니다. 사업소득이라면 종합소득신고를 해야 합니다.

Q10 글쓰는 사람인데요. 작년에 수입이 거의 없어서 올해에는 근로장려금을 얼마 받지 못했습니다. 그런데 이번에 제가 공모전에 당선이 되어 1,000만 원 가량을 받게 되었습니다. 세금 떼고 956만 원 정도 받는다고 하더군요. 이렇게 되면 올해 소득으로 잡혀서 내년에 근로장려금을 받을 수 있게 되나요?

✅ 글쓰는 일을 계속적, 반복적으로 하는 작가가 받은 원고료나 인세는 사업소득에 해당합니다. 하지만 일시적으로 받은 원고료나 당선상금은 기타소득에 해당합니다. 기타소득 중 상금은 80%를 필요경비로 인정해주므로 질문자의 경우 상금 1,000만 원의 80%인 800만 원을 필요경비로 차감하면 기타소득금액은 200만 원입니다. 이에 대해 20%의 세율을 적용한 소득세가 40만 원인데, 지방소득세 10%를 포함하면 원천징수세금이 모두 44만 원이어서 956만 원을 받게 됩니다.

기타소득금액이 연간 300만 원 이하이면 분리과세와 종합과세를 선택할 수 있는데 질문자처럼 근로장려금을 받을 목적이라면 종합소득으로 신고하는 것이 좋겠습니다.

Q11 저는 연봉 5,500만 원인 근로소득자이고 아내는 근로소득이 없는 전업주부입니다. 그런데 주택 월세 계약을 하면서 아내가 임차인으로 계약했습니다. 이 경우 월세 계약한 임차인이 꼭 세대주가 되어야 하는지와 월세를 임차인인 아내 이름으로 이체해도 연말정산시 남편인 제가 월세세액공제를 받을 수 있나요?

✅ 월세 계약한 임차인이 반드시 세대주일 필요는 없으며 세대구성원이라도 상관없습니다. 단, 월세 계약한 임차인의 근로소득에서 월세세액공제가 가능한 것이므로 월세 계약을 남편으로 변경해야 남편이 세액공제를 받을 수 있습니다.

Q12 배우자의 배당소득이 연간 200만 원이고 총급여가 400만 원일 경우 남편의 연말정산시 기본공제를 받을 수 있나요?

✅ 인적공제대상자의 연간 소득(종합·퇴직·양도)이 아예 없거나 100만 원 미만이면 공제가 가능한데 이 경우 분리과세소득은 얼마나 있든 상관없습니다. 또한 근로소득만 있는 경우로서 총급여가 연간 500만 원 이하인 경우도 공제대상입니다. 배우자의 배당소득은 2,000만 원 이내로 분리과세소득이므로 상관없으며, 총급여가 500만 원 이하이므로 기본공제 대상입니다.

Q13 작년에 은행이자 수령액이 900만 원이고 배당금 받은 것이 800만 원이었습니다. 그런데 세무서에서 종합소득신고하라고 안내문이 날아 왔습니다. 1년에 2,000만 원 이하는 종합소득과 상관없다고 들었는데 세무서에서 착오가 있었던 것일까요?

✔ 금융소득종합과세 기준금액 2,000만 원은 원천징수하기 전의 금액을 기준으로 판단하는 것입니다. 비록 실수령액은 합쳐서 1,700만 원이지만 이는 원천징수된 세금 15.4%(소득세 14% + 지방소득세 1.4%)를 뺀 후의 지급액이므로 세전으로 환산하려면 84.6%로 나누면 됩니다. 따라서 세전 금융소득이 2,009만 원(1,700만 원 ÷ 0.846)이므로 종합과세 대상입니다.

종합과세대상기준인 2,000만 원을 실수령액으로 역산해보면 세금을 뗀 금융소득 수령액이 1년에 1,692만 원을 초과하면 종합과세 대상에 들어갑니다.

CHAPTER

3

돈을 쓸 때 내는 세금
부가가치세

01

부가가치세는
사업자만 내는 세금이다

부가가치세는 이런 세금이다

부가가치세는 사업자가 내는 세금이므로 직장인 등 비사업자는 부가가치세를 신고하거나 낼 일이 없다. 사업활동은 끊임없는 매출과 매입의 반복이다. 매출은 버는 것을, 매입은 쓰는 것을 뜻하는데, 매출액과 매입액의 차액을 **부가가치**라고 한다.

사업에는 외부에 지출하는 매입비용 말고도 추가적인 비용이 발생하기 때문에 부가가치가 사업체의 최종 순이익을 의미하지는 않는다. 급여 등 인건비와 이자비용, 감가상각비, 세금은 외부로부터의 매입비용에 해당하지 않으며, 이들 비용을 마저 차감한 것이 사업체의 순이익이다.

결국 부가가치를 통해 이들 비용을 충당하는 것이므로 부가가치가 많은 사업은 인건비와 이자, 감가상각비의 감당능력과 순이익의 창출능력이 뛰어나다는 의미다.

1년 동안 매출액이 9,000만 원이고 매입액이 4,000만 원이면 이 사업에서 5,000만 원의 부가가치가 발생했다는 뜻이며 이에 대해 10%를 부가가치세로 내야 한다.

하지만 실제로는 매출과 매입과정에서 상대방과 부가가치세를 주고 받는데, 매입할 때는 매입액의 10%인 400만 원을 매입금액과 별도로 지급(이를 **매입세액**이라고 한다)하고, 매출할 때는 매출액의 10% 인 900만 원(이를 **매출세액**이라고 한다)을 따로 받는다.

이렇게 주고받은 금액을 6개월(법인은 3개월)마다 정산하여 매출세액에서 매입세액을 차감한 차액을 납부하면 되는데, 사례의 경우 납부세액은 500만 원으로서 사업자가 창출한 부가가치 총액 5,000만 원의 10%와 일치한다. 이 경우 납부세액 500만 원은 매출대금과 별도로 받은 부가가치세 900만 원을 내고, 매입시 별도로 지급한 부가가치세 400만 원을 돌려받은 것과 같다. 결국 사업자가 부담한 것은 전혀 없다는 뜻이다.

납부세액 = 매출세액(받은 세금) - 매입세액(낸 세금)
(500만 원)   (900만 원)   (400만 원)

결국 사업자 입장에서 돈을 지출할 때마다 부담한 매입세액은 내야 할 매출세액에서 공제받을 것이므로 사업자가 실제로 부담하는 것은 아니다. 그러나 직장인과 같은 비사업자는 돈을 쓸 때마다 부가가치세를 부담하지만 사업자가 아니라서 이를 공제받을 방법이 없기 때문에 자신이 그대로 떠안는 셈이다.

부가가치세는 소득세가 아니며 거래금액에 붙는다고 해서 **거래세**라고 표현한다. 즉, 거래할 때마다 거래금액의 10%가 따로 붙는 것인데, 이 세금을 따로 받으려면 상대방 사업자에게 세금계산서를 발행해야 한다. 하지만 일반고객, 즉 비사업자를 상대로 하는 자영업은 세금계산서를 발행하지 못하므로 매출금액에 포함해서 받는다. 가격이 5만 원이라도 그 속에 포함된 부가가치세를 빼면 정작 매출은 45,455원(4,545원은 부가가치세)인 셈이다.

▶ 부가가치세와 소득세의 차이 ◀

매　　출	5억 원	
(-) 매입비용	3억 원	
부가가치	**2억 원**	☞ **부가가치세 = (매출액 - 매입액) × 10%**
(-) 인건비	9,000만 원	**= 2,000만 원**
(-) 이자비용	1,000만 원	
(-) 감가상각비	600만 원	
(-) 세금	400만 원	
순이익	**9,000만 원**	☞ **소득세(사업소득 과세표준 × 소득세율)**

▲ 부가가치세는 간접세로서 거래과정에서 상대방과 주고 받은 차액을 내는 것이므로 사업자가 부담하는 것이 아니며, 소득세는 직접세로서 사업자가 부담하는 것이다.

02

과세사업자와
면세사업자

　모든 사업자가 부가가치세를 신고·납부하는 것은 아니다. 부가가치세를 내는 사업자를 **과세사업자**, 내지 않는 사업자를 **면세사업자**라고 한다. 앞서 살펴본대로 사업자는 매출에 대한 부가가치세를 납부하는 과정에서 자신이 부담한 매입세액을 공제받지만, 비사업자는 부담한 매입세액을 그대로 떠안게 된다. 결국 부가가치세는 비사업자인 일반국민들이 최종적으로 부담하게 된다. 이런 특성 때문에 국민들이 필수적으로 꼭 소비해야 하는 품목에는 부가가치세를 면제해 줄 필요가 있으며 이런 면세품목을 매출하는 사업자를 면세사업자라고 한다.

　해당 업종이 과세사업인지 면세사업인지는 세법에 정해져 있는데, 대표적인 면세업종은 다음과 같다.

- 교육비와 의료비(성형이나 애완동물 의료비는 제외)
- 금융서비스(이자·보험료 등)
- 미가공 식품
- 농·축·수산물
- 주택임대료
- 토지매매거래
- 국민주택규모(전용면적 85㎡)이하의 주택공급
- 시내버스, 지하철, 일반고속버스요금

그런데 면세사업자는 매출할 때 부가가치세를 받지 않기 때문에 매출세액이 발생하지 않으므로 부가가치세 신고를 하지 않아도 된다. 따라서 과세사업자의 매출은 부가가치세 신고주기별로 파악이 되는데 비해, 면세사업자의 매출은 국세청에서 파악하기 어렵다. 이런 이유 때문에 주택임대사업자 등 면세사업자는 매년 2월에 사업장현황신고를 통해 지난 해의 수입금액을 신고해야 하며 이에 맞춰서 5월에 종합소득을 신고해야한다.

03 일반과세자와 간이과세자, 무슨 차이가 있나?

사업자가 아닌 일반소비자가 주고객인 자영업(음식점·소매업 등)은 매출할 때 부가가치세를 따로 받기 어렵다. 대부분 가격에 부가가치세가 포함된 금액으로 받다보니 매출액의 10%가 부가가치세로 납부되면서 결과적으로 수입이 감소하게 된다. 이런 어려움을 감안해서 개인사업자 중 매출이 적은 영세한 사업자를 대상으로 간이과세제도를 운용하고 있다. 간이과세자는 연간 매출액이 1억 400만 원(부동산임대업은 4,800만 원) 미만인 개인사업자를 말한다.

따라서 법인은 간이과세자가 될 수 없으며, 개인사업자도 일반소비자를 대상으로 하지 않는 업종, 즉 제조업·건설업·도매업 및 부동산임대업(건물면적이 일정기준을 초과하는 경우)은 간이과세자가 될 수 없다.

간이과세자는 부가가치세 부담을 줄여주기 위해 납부세액을 일반과세자와는 다르게 계산한다. 일반과세자는 공급가액(매출액)의 10%를 부가가치세로 내는데 비해 간이과세자는 매출액에 업종별로 정해진 부가가치율(소매업·음식점업 : 15%, 제조업 : 20%, 숙박업 : 25%, 건설업 : 30%, 부동산임대업 : 40%)을 곱한 금액 즉, 부가가치금액의 10%를 내면 된다. 그런데 세법에 정해진 업종별 부가가치율이 비교적 낮기 때문에 일반과세자에 비해 납부할 부가가치세가 적다.

예를 들어, 분식집을 하는 어떤 개인사업자가 1년에 2,000만 원을 매입해서 5,000만 원을 매출했을 때 각각의 경우에 부가가치세는 다음과 같이 계산된다.

- 일반과세자일 경우
  : (5,000만 원 × 10%) - (2,000만 원 × 10%) = 300만 원
- 간이과세자일 경우
  : ((5,000만 원 × **15%**) × 10%) = 75만 원

▲ 간이과세자는 실제 매입금액과 매출금액에 상관없이 세법에 정해진 해당 업종의 부가가치율에 따라 부가가치를 계산한다. 소매·음식점업의 경우 매출이 5,000만 원이면 무조건 15%인 750만 원을 부가가치로 보는 것이므로 결국 매출액의 85%인 4,250만 원을 매입금액으로 간주한다는 뜻이다. 따라서 사례의 경우 실제 매입액의 비율이 40%(2,000만 원 ÷ 5,000만 원)로서 부가가치율이 60%임에도 불구하고 15%로 계산함에 따라 훨씬 세금을 적게 내는 것이다.

▲ 간이과세자도 상대방으로부터 매입세금계산서를 받으면 매입금액의 0.5%를 납부세액에서 공제받을 수 있다. 따라서 매입액 2,000만 원에 대해 세금계산서를 받았다면 10만 원을 공제한 65만 원을 내게 된다.

세금부담 면에서는 간이과세가 훨씬 더 유리하지만, 간이과세자는 사업규모가 작은데다 연 매출이 4,800만 원 미만인 경우에는 세금계산서를 발행하지 못하므로 상대방이 거래를 기피할 수도 있다.

　더구나 매입세액이 매출세액을 초과해도 일반과세자와는 달리 그 차액을 환급받지 못한다는 점도 단점이다. 다시 말해 간이과세자에게는 부가가치세 환급이 아예 없다.

　처음으로 사업자등록을 할 때는 과세유형을 판단할 수 있는 매출규모자료가 없으므로 사업자가 원하면 간이과세를 적용받을 수 있다. 하지만 사업개시 이후 연간 매출액이 1억 400만 원 이상이 되면 일반과세자로 변경되는데, 사업자가 스스로 신고하지 않아도 세무서에서 변경통지가 온다.

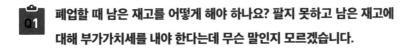

Q1 폐업할 때 남은 재고를 어떻게 해야 하나요? 팔지 못하고 남은 재고에 대해 부가가치세를 내야 한다는데 무슨 말인지 모르겠습니다.

✅ 사업자가 폐업하는 경우 남아 있는 재고에 대해서는 이를 모두 사업자 본인 에게 판 것으로 간주하므로 폐업신고할 때 판매가의 10%를 부가가치세로 내 야 합니다. 그 이유는 매입 당시 앞으로 매출될 것을 전제로 해서 매입세액공 제를 받았기 때문입니다. 이런 경우 폐업하지 않고 사업체를 다른 사람에게 포괄양도하고 그 계약서를 세무서에 제출하면 재고에 대한 부가가치세를 내 지 않아도 됩니다. 그 이유는 양수받은 사업자가 재고를 판매해서 부가가치 세를 낼 것이기 때문입니다.

Q2 주거용 오피스텔에 월세로 살고 있는데, 월세의 10%만큼 부가가치세 를 꼭 따로 내야 하나요?

✅ 주택임대료는 부가가치세 면세입니다. 주거용 오피스텔도 주택과 마찬가지 로 면세입니다. 즉, 주택임대사업자는 부가가치세 신고를 하지 않아도 되므로 세입자가 부가가치세를 따로 내야 할 필요가 없습니다.

Q3 이번에 도·소매업으로 사업자등록을 하려고 하는데, 물건 매입시 부 가가치세는 어떻게 처리되나요? 일반과세자는 다 환급된다고 하는데, 간이과세자는 매입부가세 처리가 어떻게 되는지 궁금합니다.

✅ 일반과세자라면 매입액의 10%를 매출세액에서 공제받으면 됩니다. 그러나 간이과세자의 경우에는 매입액의 0.5%만 공제됩니다. 다만, 사업자등록시 업종에 도매업이 들어가 있으면 간이과세가 불가능합니다.

....

📋 상가 구입시 일반과세자로 하면 부가가치세를 환급해 준다고 해서 환Q4 급을 받았습니다. 그런데 지금은 상가가 공실이라 일반과세자에서 간이과세자로 변경하려고 하는데, 이 때 부가가치세를 환급받은 후 10년 안에 상가를 매도할 경우는 어떻게 되나요?

✅ 상가나 업무용 오피스텔을 구입할 때 토지를 제외한 건물가액에 대해서는 부가가치세를 내야 합니다. 이를 환급받기 위해 대부분 일반과세자로 사업자등록(임대업)을 합니다. 이 경우 부가세를 환급해준 이유는 앞으로 상가임대료에 대한 부가가치세를 징수하여 납부할 것이기 때문인데, 10년(의무보유기간이라고 생각하면 됨)이 지나기 전에 매각하면 당초에 공제받은 매입세액 중 남은 기간에 해당하는 금액을 다시 납부해야 합니다.

또한 일반에서 간이로 바뀌면 종전보다 매출세액을 적게 낼 것이므로 일반과세자때 공제받은 상가건물에 대한 매입세액을 간이과세자기준으로 다시 계산해서 차액을 납부해야 합니다.

CHAPTER
4

재산을 가질 때 내는 세금

취득세
재산세 · 종합부동산세
양도소득세

01

재산을 살 때 내는 취득세

📄 취득세는 이렇게 계산하고 신고한다

(1) 무엇을 사면 취득세를 내는가?

취득세는 부동산 등을 취득했을 때 내는 세금이며 지방세에 해당한다. 주로 부동산을 취득하고 그 소유권자로 등기·등록을 할 때 내는 세금이다. 부동산 외에도 차량·골프회원권·콘도회원권 등을 샀을 때도 취득세를 내야 한다.

(2) 취득세의 과세표준은?

취득세의 과세표준은 취득금액이므로 취득한 재산이 비쌀수록 세금이 많아진다. 이 경우 취득금액은 취득자가 신고한 금액으로서 매매계약서에 기재된 금액을 말한다. 개인이 아파트 등 부동산을 취득한 경우에는 반드시 계약일로부터 60일 이내에 실제거래가액을 시·군·구청에 신고하고 계약서를 제출해야 하는데, 이때 신고한 금액이 취득세의 과세표준이다.

예를 들어, 어떤 무주택자가 40평짜리 아파트를 9억 원에 매입했다면 매매계약서에 기재된 취득금액 9억 원이 취득세 과세표준이다.

(3) 취득세의 세율은?

취득세의 세율은 취득한 재산마다 다르다. 상가 등 일반부동산은 4%이지만 주택의 경우는 다음 표와 같이 취득금액에 해당하는 구간별로 정해진 단일세율을 곱해서 계산한다. 단, 부동산을 공동으로 등기한 경우에는 각자의 취득지분에 해당하는 금액을 과세표준으로 하여 각각의 세율을 적용한다. 따라서 9억 원을 초과하는 주택을 부부가 공동으로 등기하면 취득금액이 분산됨에 따라 좀 더 낮은 세율이 적용되기 때문에 취득세를 줄일 수 있다.

▶ 주택의 취득세율 ◀

취득금액	취득세율	비고
6억 원 이하	1%	
6억 원 초과 9억 원 이하	1~3% (취득가액 × 2/3억 원 - 3) × 1%	취득금액이 7억 5,000만 원일 경우 : 2%
9억 원 초과	3%	

그러나 다주택자에 대해서는 금액에 상관없이 취득세율을 무겁게 중과세하는데, 조정대상지역 내에서 1세대 2주택을 취득할 때는 8%(이사를 목적으로 하는 일시적 2주택은 예외)를 적용하며, 1세대 3주택 이상과 법인은 12%를 적용한다. **조정대상지역**이란 주택가격상승률이 물가상승률의 2배 이상이거나 청약경쟁률이 5대 1 이상인 지역으로서 현재 강남, 서초, 송파, 용산구가 이에 해당한다.

이에 따라 1주택자가 투자목적으로 조정대상지역의 10억 원짜리 아파트를 취득할 경우 취득세만 무려 8,000만 원을 내야 한다.

이와 반대로 소형주택이나 임대사업용 주택은 취득세를 감면해준다. 부동산취득등기와 취득세납부 등은 대부분 법무사를 통해 진행하므로 개략적인 정도만 알고 있으면 된다. 하지만 요즘은 법무사비용을 아끼기 위해 직접 셀프등기도 많이 하는데, 대법원 인터넷등기소(www.iros.go.kr)에 들어가면 진행할 수 있다.

한편 취득세에는 지방교육세와 농어촌특별세(국민주택 규모(전용면적 85㎡(25.7평)) 이하의 주택은 농어촌특별세가 제외됨)가 별도로 추가된다.

예를 들어, 9억 원(전용면적 25.7평)짜리 아파트를 취득할 경우 취득시에 부담하는 세금은 모두 2,970만 원[취득세 2,700만 원(9억 원 × 3%) + 지방교육세 270만 원(2,700만 원 × 10%)]으로 취득금액 9억 원의 3.3%에 해당한다. 사고자 하는 부동산의 취득세가 얼마일지는 인터넷의 취득세 자동계산기에 취득금액과 면적을 입력하면 쉽게 알아볼 수 있다.

(4) 취득세는 어디에, 언제까지 내는가?

취득세는 취득일로부터 60일 이내에 부동산이 소재하는 지역의 관할 시·군·구청에 자진하여 신고·납부해야 한다. 여기서 취득일이란 계약서상의 잔금지급일을 말한다.

만일 기한 내에 취득세를 신고·납부하지 않으면 20%의 신고불성실가산세와 지연납부된 일수만큼 납부지연가산세를 내야 한다.

그런데 부동산의 잔금을 지불하고 나면 소유권이전등기를 해야 하는데, 이때 소유권이전등기를 위해서는 취득세 신고·납부가 먼저 이루어져야(취득세 납부영수증이 첨부돼야 함)하므로 등기를 하지 않는 이상, 신고·납부가 지연될 일은 생기지 않는다.

📇 상속·증여받은 부동산도 취득세를 신고해야 한다

상속·증여로 인해 대가를 지급하지 않고 부동산을 취득한 경우에도 취득세를 내야 한다. 이런 경우 취득금액이 없기 때문에 취득당시 시가를 과세표준으로 취득세를 신고해야 하는데, 시가는 공시가격이 아니라 취득 당시 시가환산액을 의미한다.

시가환산액은 취득당시 불특정 다수인 사이에 자유롭게 거래가 이루어지는 경우 통상적으로 성립된다고 인정되는 가액(매매사례가액, 감정가액, 공매가액 등 시가인정액을 말함)을 말하며 이를 취득금액(과세표준)으로 신고하고 취득세를 내야 한다.

단, 상속에 의한 취득시에는 공시가격 등 시가표준액(시가환산액보다는 낮음)을 취득금액으로 한다. 따라서 취득금액을 공시가격으로 적용하는 상속 취득보다 시가환산액으로 적용하는 증여 취득시에 세금부담이 훨씬 많아진다.

세율 또한 상속 취득은 2.8%(상속인이 무주택자라면 취득세를 감면받아 0.8%만 내면 되는데, 공동상속인 경우 지분이 가장 많은 사람의 주택으로 보므로 공동상속인 중 최대지분자가 무주택자이면 감면대상이 됨)지만 증여 취득은 3.5%로서 더 높다.

게다가 다주택자로부터 주택을 증여받는 경우에는 매우 높은 세율로 중과세한다. 2주택 이상인 경우 취득세율이 무려 12%에 이른다. 만약 2주택자인 부모가 그 중 한 채(시가환산액은 10억 원)를 자녀에 증여하면 증여세와는 별개로 취득세만 1억 2,000만 원을 내야 한다.

상속은 상속개시일(사망일)이 취득일이며 상속세 신고기한과 마찬가지로 6개월 이내에 취득세를 신고·납부해야 한다. 증여는 증여일이 취득일이며 증여세 신고기한과 마찬가지로 3개월 이내에 취득세를 신고·납부해야 한다.

그러나 앞서 설명한대로 실제로는 신고기한 이전에 상속·증여로 인한 소유권이전등기를 할 때 취득세를 신고·납부하게 된다.

▶ 상속·증여로 인한 취득세의 차이 ◀

항목	상속	증여
과세표준	공시가격	시가환산액
세율	2.8%	3.5%
신고기한	상속개시일후 6개월	증여일 후 3개월

▲ 시가환산액은 공시가격과 달리 실제로 거래되는 시가를 의미한다.

02

재산을 갖고 있는 동안
매년 내는 보유세

재산세는 이렇게 계산하고 부과한다

부동산을 살 때에는 취득세를 냈지만 그 부동산을 가지고 있는
동안에는 매년 정기적으로 재산세를 내야 한다. 뿐만 아니라, 부동
산의 종류별로 보유 부동산의 가액이 일정금액 기준을 초과하는 경
우에는 종합부동산세를 내야 한다.

(1) 재산세는 누가, 언제 내는가?

재산세의 납세의무자는 매년 6월 1일 현재 부동산소유자이다.
재산세는 취득세와 달리 신고하지 않아도 매년 자동으로 부과된다.
이미 부동산등기를 통해 해당 부동산의 소유자가 확인되므로 정해

진 공시가격을 기준으로 계산된 세금을 소유자에게 고지한다.

주택에 대한 재산세는 납세자의 부담을 고려해 2번으로 나누어 고지하는데, 1/2은 7월 16일~31일까지, 나머지 1/2은 9월 16일~30일까지 내야 한다.

재산세는 사람이 아닌 물건, 즉 부동산에 부과하는 세금이므로 부동산이 소재하는 지역의 시·군·구청에서 고지한다.

공동소유인 부동산도 각자의 지분이 아닌 전체 부동산금액을 기준으로 재산세를 계산한 다음, 소유자별로 재산세를 나누어 각각 고지하며 한 사람이 여러 채를 소유하더라도 합산하지 않고 각각의 부동산 건별로 계산한다.

(2) 재산세의 과세표준과 세율은?

지방세법상의 시가표준액(공시지가 또는 공동주택 공시가격)에 대통령령이 정한 **공정시장가액비율**(주택은 60%(1세대 1주택은 43~45%), 토지·건축물은 70%)을 곱한 것이 과세표준이다.

이에 대해 일반주택은 0.1~0.4%(공시가격 9억 원 이하의 1세대 1주택은 0.05~0.35%)까지 초과누진세율로 세액을 계산한다. 그리고 재산세에도 지방교육세 등 재산세에 추가적으로 붙는 세금이 있는데, 인터넷의 재산세 자동계산기에 공시가격만 입력하면 세금이 얼마인지 확인할 수 있다.

아파트의 공시가격이 보통 실거래가의 70% 수준이므로 매매가 9억 원인 아파트의 공시가격이 6억 원이며 1세대 1주택이라고 가정할 경우, 재산세(추가되는 세금포함)는 약 126만 원으로 나오는데 이를 두 번에 나누어 각각 63만 원씩 내게 된다.

▶ 주택의 재산세율 ◀

과세표준	세율
6,000만 원 이하	0.1%
6,000만 원 초과 1억 5,000만 원 이하	6만 원 + 6,000만 원 초과 금액의 0.15%
1억 5,000만 원 초과 3억 원 이하	19만 5,000원 + 1억 5,000만 원 초과 금액의 0.25%
3억 원 초과	57만 원 + 3억 원 초과 금액의 0.4%

▲ 공시가격 9억 원 이하인 1세대 1주택은 별도의 더 낮은 세율을 적용함

종합부동산세는 이렇게 계산하고 부과한다

부동산소유자에게 부동산 건별로 해마다 재산세를 부과하지만, 개인이 보유한 부동산가액을 모두 합산한 금액을 기준으로 다시 세금을 부과하는 것이 종합부동산세다. 종합부동산세도 재산세와 같은 보유세지만 국가(세무서)에서 부과하는 국세이며 건별이 아닌 인별로 합산해서 부과한다는 점에서 다르다.

(1) 종합부동산세는 누가, 언제 내는가?

주택은 개인이 소유하는 주택의 공시가격을 합산한 금액이 9억

원(단독명의의 1세대 1주택은 12억 원)을 초과하는 경우 과세대상이다. 단, 임대사업자등록이 된 임대사업용 주택은 합산대상에서 제외된다.

종합부동산세는 철저하게 개인별로 과세하는 것이므로, 부부 등 가족구성원이 각각 따로 소유하고 있는 경우에는 합산하지 않는다. 따라서 1주택 소유자인 경우 단독명의는 공시가격이 **12억 원**을 넘어야 과세대상이지만, 부부가 공동명의로 소유하는 경우라면 주택의 공시가격이 **18억 원**(공동명의이므로 각자 보유금액은 9억 원임)이 넘어야 과세대상이다. 그러므로 초고가주택이 아닌 한, 웬만한 1주택자는 부과대상에서 제외되므로 대부분 다주택자에게 부과된다.

종합부동산세도 재산세처럼 부과징수방식으로서 주택소유자의 주소지 관할 세무서에서 고지한대로 매년 12월 1일~15일까지 세액을 납부하면 된다.

(2) 종합부동산세의 과세표준과 세율은?

종합부동산세도 재산세처럼 과세기준일은 매년 6월 1일이다. 따라서 6월 1일 현재 개인이 소유한 주택의 공시가격을 합산한 금액에서 9억 원(단독명의의 1세대 1주택은 12억 원)을 공제한 것이 과세표준이다. 단, 종합부동산세 부담을 덜어주기 위해 **공정시장가액비율**(60%)을 곱한 금액을 과세표준으로 한다. 예를 들어, 단독명의 주택의 공시가격이 20억 원이라면 12억 원을 차감한 8억 원의 60%인 4억 8,000만 원이 과세표준이다.

여기에 과세표준의 크기에 따라 0.5~2.7%의 세율(3주택 이상은

0.5~5%)을 적용하여 계산한다. 그런데 보유하는 부동산에 대해 이미 재산세를 냈음에도 불구하고 개인별로 보유한 부동산금액을 합산해서 보유세를 다시 부과하는 것이므로 재산세로 부과된 세금은 종합부동산세 산출세액에서 공제해 준다.

종합부동산세에는 20%의 농어촌특별세가 추가된다. 종합부동산세도 자동계산기에 공시가격과 공동명의 여부 및 주택 수를 입력하면 세금이 얼마인지 쉽게 확인할 수 있다. 1세대 2주택으로서 공시가격을 22억 원으로 자동계산기에 입력하면 단독명의인 경우에는 423만 원, 1/2씩 부부 공동명의인 경우에는 각각 32만 원으로 합해서 64만 원이 나온다. 공동명의가 훨씬 유리함을 알 수 있다.

한편, 주택가격이 매우 고가인 경우에는 1주택 소유자도 종합부동산세 부과대상이 되기 때문에 세부담을 덜어주기 위해 1주택자로서 고령자나 장기보유자인 경우에는 납부세액의 일정비율을 공제해준다.

1세대 1주택 소유자가 60세 이상이거나, 과세기준일 현재 5년 이상 보유한 경우에는 납부세액의 일정비율(60세 이상 20%, 65세 이상 30%, 70세 이상 40% 및 보유기간 5년 이상 20%, 10년 이상 40%, 15년 이상 50%(연령에 따른 공제와 보유기간에 따른 공제를 각각 적용))을 최대 80%까지 공제해준다. 예를 들어, 1주택 소유자가 68세로서 12년을 보유했다면 납부세액의 70%(30% + 40%)를 깎아준다.

📇 부동산은 공동명의로 등기하는 것이 이득이다

부동산은 부부의 공동명의로 등기하는 것이 유리하다. 나중에 증여해서 지분을 나누면 취득세 등을 이중으로 내야 하므로 처음 취득할 때 아예 공동으로 등기하는 것이 좋다. 배우자에게는 6억 원까지 증여재산공제가 가능하므로 설령 배우자의 소득이 없더라도 6억 원까지는 증여세없이 취득할 때 지분을 줄 수 있다.

공동등기를 통해 줄일 수 있는 세금은 취득세와 종합부동산세, 그리고 상속세다. 취득금액이 6억 원을 초과할 경우 공동지분으로 등기하면 각자의 취득지분금액에 취득세율을 적용하므로 세율이 낮아져서 취득세가 줄어든다.

종합부동산세도 공동명의일 경우 공제금액이 각각 9억 원이므로 부부합산으로는 18억 원을 공제받을 수 있어서 더 유리하며 이에 따라 누진세율을 더 낮게 적용받을 수 있다.

양도소득세도 양도차익이 양도자별로 분산됨에 따라 더 낮은 세율을 적용받을 수 있고 기본공제도 양도자별로 각각 250만 원을 공제받을 수 있어 유리하다.

미리 배우자에게 지분이전된 만큼은 훗날 상속세 부담도 덜 수 있다. 다만, 재산세는 물건별로 세금을 매기는 것이라 공동등기를 하더라도 세금부담이 줄어들지 않는다.

그런데 사람들은 대부분 현재를 기준으로 의사결정을 하다보니 지분이전 등 공동등기를 훗날로 미루는 경우가 많다. 하지만 지금 당장은 자신이 양도소득세와 종합부동산세, 상속세 대상이 아닌 것처럼 보이지만 앞일은 알 수 없다.

공동등기에 특별한 비용이 추가되는 것도 아니고 먼 훗날 본인의 소득이 늘거나 재산가치가 증가하면(또는 세금과세가 지금보다 더 강화되는 경우도 상상해봐야 한다) 이런 세금들이 심각한 고민거리가 될 수도 있으므로 미리 대비하는 것이 좋다.

재산을 팔 때 내는 양도소득세

03

뭘 팔아야 양도소득세를 내는 건가요?

흔히 양도소득세라고 하면 부동산을 떠올린다. 양도소득세는 부동산을 사고 팔아 돈을 벌었을 때 내는 세금이다. 부동산에는 토지, 주택, 상가, 오피스텔 등 종류가 다양하다. 하지만 부동산이 아니더라도 부동산을 취득할 수 있는 권리, 즉 분양권, 입주권 등의 매매차익에 대해서도 양도소득세를 내야 한다. 또한 주식 중 상장주식이 아닌(단, 상장주식이라도 보유하는 종목의 시가가 50억 원 이상인 경우에는 양도소득세를 내야 한다) 비상장주식이나 **해외기업주식**(테슬라, 엔비디아 등)을 사고 팔아 돈을 벌었다면 양도소득세를 내야 한다.

요즘은 서학개미라고 해서 해외기업주식에 직접 투자하는 개인들이 많기 때문에 양도소득세 납세자가 많아졌다. 하지만 똑같이 해외기업주식에 투자하더라도 국내에 상장된 해외주식 ETF에 투자하는 경우에는 투자수익에 따른 분배금에 대해 배당소득세를 낸다는 점에서 차이가 있다. 즉, 직접투자든 간접투자든 해외주식을 원화가 아닌 달러 등 현지통화로 사고 파는 경우에 양도소득세를 낸다고 생각하면 된다.

▶ 양도소득세의 과세 대상 ◀

- 부동산
- 부동산에 관한 권리
- 해외주식(직접투자 또는 해외주식시장의 ETF)
- 비상장주식
- 상장주식(종목당 보유시가가 50억 원 이상인 경우)

양도가액이 12억 원 이하인 1세대 1주택은 양도소득세가 없다

모든 부동산은 양도소득세의 과세대상이다. 그만큼 부동산의 양도차익에 대해서는 세금을 철저히 걷어간다는 뜻이다. 그런데 부동산 중 주택에는 예외가 있다. 이른바 **1세대 1주택 비과세**라는 것인데 1세대가 양도일 현재 1채의 주택을 보유한 경우에는 양도소득세를 매기지 않는 것이다.

장기적인 부동산가격의 상승은 그 사용가치가 상승하는 것이 아니라(노후화로 인해 사용가치는 오히려 떨어진다) 전반적인 화폐가치 하락 때문에 생기는 것이다. 시중통화공급증가에 따라 돈가치가 떨어지면 부동산이나 금과 같은 실물자산의 가격은 상승할 수밖에 없다.

2004년 1,000조 원이었던 통화량은 2014년 2,000조 원으로 2배, 2023년 4,000조 원으로 4배로 증가했다. 10년마다 2배로, 연 평균 7%씩 증가한 셈이다.

국가예산도 통화량과 마찬가지로 2004년 118조 원에서 2014년 369조 원으로, 2023년 625조 원으로 증가했는데, 이는 일정기간 시차를 두고 부동산급등기에 그대로 부동산가격에 반영된다.

전반적인 인플레이션으로 초래된 주택가격상승에 따른 양도소득에 대해 세금을 매기면 이사를 갈 수가 없다. 거액의 양도소득세를 내고 나면 전에 살던 집과 동일한 수준의 주택을 구입할 수 없기 때문이다.

따라서 세법에서는 1세대가 1채의 주택만을 보유하는 경우에는 양도소득이 있더라도 세금을 비과세한다. 단, **고가주택**은 예외다. 여기서 고가주택이란 양도할 때 양도가액이 12억 원을 초과하는 주택을 말한다. 이런 고가주택은 1주택이더라도 양도가액이 12억 원을 초과하는 부분에 대해서는 비과세해주지 않는다. 즉, 1주택자의 경우 12억 원까지만 양도소득세를 비과세하는 것이므로 전체 양도차익에 양도가액 중 12억 원을 초과하는 금액이 차지하는 비율을 곱한 금액은 과세대상 양도차익이다.

예를 들어, 조 과장이 12년전 5억 원에 산 아파트를 지금 20억 원에 판다면 양도차익이 15억 원인데, 그 중에서 양도가액 20억 원 중 12억 원을 초과하는 8억 원에 해당하는 비율인 40%(8억 원 ÷ 20억 원)를 곱한 금액, 즉, 6억 원(15억 원 × 40%)의 양도차익에 대해서는 양도소득세를 내야 한다.

1세대 1주택을 따질 때, 1세대란 동일한 주소지에서 생계를 같이 하는 가족을 말한다. 즉, 주민등록이 같은 주소지로 되어 있는 가족이라면 가족구성원이 모두 합해서 1채의 주택만 보유해야 비과세가 적용된다는 뜻이다. 단, 부부는 주소지가 다른 곳에서 각각 별거하고 있더라도 같은 세대로 본다. 부부가 각각 1채의 주택을 갖고 있다면 비록 주소지가 다르더라도 1세대 2주택인 셈이다.

그러나 자녀는 30세 이상이거나 어느 정도의 소득이 있다면 세대를 분리해서 부모와 각각 1세대 1주택으로 인정받을 수 있다.

1세대 1주택으로 비과세를 받기 위해서는 양도일 현재를 기준으로 1채의 주택만 있으면 되는데, 등기부상으로 확인된 보유기간이 2년 이상이어야 하며 조정대상지역일 경우에는 2년 이상 거주(국세청에서 택배나 우편물수령 등을 통해 실거주를 확인하므로 주민등록만 옮겨 놓으면 안된다)했어야 한다.

따라서 1세대 1주택으로서 양도소득세를 비과세받으려면 양도하기 전에 이런 요건을 갖추었는지 미리 확인하고 집을 팔아야 한다. 특히 2주택 상태에서 1채를 팔아 1주택이 된 경우, 1주택이 된 이후 보유기간이 2년 이상이어야 하는 것은 아니다. 예를 들어, 10년 전에 산 A주택과 3년 전에 산 B주택이 있을 경우 A주택을 팔아 양도소득세를 냈다면 남은 B주택은 1세대 1주택으로 보유기간이 이미 2년을 넘었으므로 언제 팔더라도 비과세된다.

📑 이사·결혼·상속 등으로 잠깐 2주택이 된 경우 양도소득세를 비과세받으려면?

1세대 1주택이라야 비과세가 되는데, 살다보면 원치 않게 일시적으로 2주택이 되는 경우가 있다.

(1) 이사하는 과정에서 일시적으로 2주택이 된 경우

집이 있는 상태에서 새 아파트를 분양받았거나 이사갈 집을 샀는데 지금까지 살던 집을 팔지 못하는 경우가 있다. 이런 경우 3년까지는 2주택을 인정해준다. 즉, 새 집을 산 날로부터 **3년 이내**에 전에 살던 집을 팔면 1세대 1주택으로 비과세받을 수 있다.

단, 부동산투기를 막기 위해 단기간 내에 재취득하는 경우는 제외한다. 집을 산지 1년 내에 또 집을 사서 2주택이 된 경우에는 전에 살던 집을 3년 이내에 팔더라도 비과세가 안된다.

(2) 결혼으로 2주택이 된 경우

집을 각각 보유한 남·녀가 결혼한 경우 세대를 합치면 1세대 2주택이 된다. 이런 경우 나중에 집을 팔 때 1세대 1주택으로 비과세되려면 1채를 먼저 팔아야 하는데, 결혼으로 동일 세대가 된 후 **10년 이내**에만 팔면 1세대 1주택으로 비과세받을 수 있다.

(3) 부모님과 세대를 합치면서 2주택이 된 경우

따로 살던 자녀가 60세 이상인 부모(배우자의 부모도 포함됨)와 같이 살기 위해 세대를 합치는 경우 부모와 자녀가 각각 집이 있었다면 합가로 인해 1세대 2주택이 된다. 이 경우에도 **10년 이내**에만 팔면 1세대 1주택으로 비과세받을 수 있다.

(4) 상속으로 인해 2주택이 된 경우

집을 가지고 있는 상태에서 부모로부터 집을 상속받아서 2주택이 되는 경우가 있다. 이런 경우 상속주택의 취득은 본인의 의도와 전혀 상관없이 이루어진 것이므로 양도소득세를 따질 때 상속주택은 없는 것으로 본다. 따라서 본인이 가지고 있던 주택을 팔 때는 1세대 1주택으로 비과세를 받을 수 있다.

그러나 상속주택을 파는 경우에는 2주택자로서 양도소득세를 내야 한다. 하지만 양도가액에서 상속당시 취득가액(상속세를 신고할 때 평가한 금액)을 차감한 것을 양도차익으로 보므로 상속받은 후 바로 팔 경우에는 양도차익이 거의 나오지 않는다.

지금까지 살펴본 특수한 2주택 상황에서는 일정기간 이내에만 팔면 양도소득세가 비과세가 되는데, 어떤 경우든 비과세를 받기 위한 요건(양도일 현재 2년이상 보유 또는 2년 이상 거주)을 충족해야 한다. 따라서 2주택 중 비과세요건을 충족하면서 향후 상승가능성이 낮은 집을 먼저 처분하는 것이 바람직하다.

📟 주택인 듯, 주택 아닌, 주택 같은 것들을 어떻게 판정하나요?

(1) 오피스텔

오피스텔은 건축법상 업무용시설로서 주거용으로 사용하기에는 부적합해서 대부분 사업장으로 사용된다. 세법에서도 주택으로 보지 않으므로 오피스텔 양도시에는 1세대 1주택 비과세가 적용되지 않는다.

단, 건축당시부터 주거용으로 설계해서 주거용으로 분양했거나 업무용으로 사용하다가 주거용으로 전환한 경우에는 이를 주택으로 보므로 1세대 1주택 비과세를 받을 수 있다.

그런데 기존 주택이 있는 상태에서 투자목적으로 **주거용 오피스텔**을 취득한 경우에는 1세대 2주택자로서 기존 주택을 양도할 때 양도소득세를 내야 한다.

따라서 1세대 1주택 비과세를 받기 위해서는 주택을 양도하기 전에 오피스텔을 주거용에서 업무용으로 전환시키고 사업장으로 사용했음을 입증해야 한다. 입증방법은 사업장으로 임대했다면 해당 오피스텔의 임대료에 대한 부가가치세 신고내역이, 본인이 직접 사용한 경우에는 본인의 사업소득세 납부실적이 있어야 한다.

(2) 주상복합건물(겸용주택)

동일한 건물에 주거용 주택과 상가가 같이 있는 경우 각각의 사용용도별 면적을 기준으로 주택여부를 판단하는 것이 원칙이다. 단, 양도가액이 12억 원 이하인 경우로서 주거용으로 사용하는 면적이 상업용(상가)으로 사용하는 면적보다 1평이라도 더 많으면 전체를 주택으로 보므로 해당 건물 양도시 양도소득세는 전액 비과세 된다.

따라서 양도가액이 12억 원을 초과하는 경우와 주거용 사용면적이 상업용(상가) 사용면적과 같거나 더 적을 경우 상업용 건물부분의 양도차익에 대해서는 양도소득세를 내야 한다.

(3) 별장과 콘도미니엄

별장과 콘도는 상시 주거용이 아니므로 주택으로 보지 않는다. 따라서 양도소득세 비과세가 적용되지 않으며 주택수에도 포함되지 않는다.

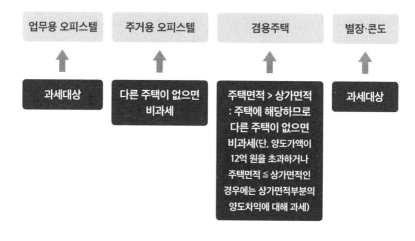

▶ 오피스텔과 겸용주택의 양도소득세 ◀

업무용 오피스텔	주거용 오피스텔	겸용주택	별장·콘도
↑	↑	↑	↑
과세대상	다른 주택이 없으면 비과세	주택면적 > 상가면적 : 주택에 해당하므로 다른 주택이 없으면 비과세(단, 양도가액이 12억 원을 초과하거나 주택면적 ≤ 상가면적인 경우에는 상가면적부분의 양도차익에 대해 과세)	과세대상

📟 양도소득세는 이렇게 계산하고 신고한다

(1) 양도차익의 계산

양도소득세는 양도차익에 대해 내는 것이므로 먼저 양도차익을 계산해야 한다. 양도차익은 양도가액(양도에 따른 수입금액으로서 판 금액을 의미함)에서 필요경비(취득금액, 부대비용 및 자본적지출과 양도비용)를 뺀 것이다.

양도가액과 **취득가액**은 부동산매매시 계약서에 기재된 양도가액과 취득금액을 의미한다. 부대비용이란 해당 부동산을 사면서 취득금액 외에 추가로 지출한 비용인데 취득세, 부동산등기비용, 국민주택채권할인비용 등이 이에 해당한다.

자본적지출은 취득 이후 사용하는 동안 부동산에 지출한 비용 중 소모성경비가 아닌 부동산가치를 높이는 지출을 말하는데 발코니확장이나 샷시비용, 건물에 부착된 시스템에어컨 설치비용 등이 이에 해당한다.

양도비용은 부동산을 팔기 위해 들어간 비용으로 중개수수료나 양도소득세 신고를 위해 들어간 세무사수수료 등이 이에 해당한다.

필요경비 중 취득가액은 매매계약서로 확인되지만 나머지 비용은 지출한 증빙이 있어야 하므로 양도소득세에 대비하기 위해서는 이런 모든 증빙을 꼼꼼히 챙기고 보관해 두어야 한다. 나중에 양도소득세를 신고할 때 관련 지출증빙이 없어 공제받지 못하는 경우가 많다.

(2) 양도소득금액의 계산

부동산 양도차익의 상당부분은 인플레이션에 따른 명목소득이다. 장기간에 걸쳐 화폐가치가 하락하다보니 차익이 생긴 것이므로 양도차익 전액에 대해 과세하는 것은 무리가 있다. 그래서 양도차익에서 양도차익의 일정비율에 해당하는 금액을 공제해주는데, 이를 **장기보유특별공제**라고 한다. 부동산의 장기보유를 권장하기 위해 최소 3년 이상은 보유해야 공제가 가능하다. 보유기간이 길수록 공제율이 높기 때문에 더 많은 금액을 공제받을 수 있다.

장기보유특별공제는 1세대 1주택과 일반부동산의 경우 각각 공제율이 다르며 1세대 1주택(2년 이상 보유한 1세대 1주택은 원래 비과세이므로 실제로는 양도소득세를 내야 하는 고가의 1세대 1주택에만 적용된다)은 보유기간과 거주기간별 공제율을 합해서 최고 80%까지, 일반부동산은 보유기간별로 최고 30%까지 공제받을 수 있다. 1세대 1주택의 공제율이 높은 이유는 1세대 1주택 중 고가주택은 양도차익 전액을 비과세해주지 않는 대신 장기보유특별공제를 많이 해줌으로써 불만을 달래는 것이라고 보면 된다.

아울러 양도소득세가 중과세되는 비사업용 토지와 조정대상지역내의 3주택 이상 다주택자에게는 장기보유특별공제가 적용되지 않는다.

▶ 장기보유특별공제 ◀

일반부동산

보유 기간	공제율
3년 이상 4년 미만	6%
4년 이상 5년 미만	8%
5년 이상 6년 미만	10%
6년 이상 7년 미만	12%
7년 이상 8년 미만	14%
8년 이상 9년 미만	16%
9년 이상 10년 미만	18%
10년 이상 11년 미만	20%
11년 이상 12년 미만	22%
12년 이상 13년 미만	24%

13년 이상 14년 미만	26%
14년 이상 15년 미만	28%
15년 이상	30%

1세대 1주택

보유 기간	공제율	거주기간	공제율
3년 이상 4년 미만	12%	2년 이상 3년 미만(보유 기간 3년 이상에 한정함)	8%
		3년 이상 4년 미만	12%
4년 이상 5년 미만	16%	4년 이상 5년 미만	16%
5년 이상 6년 미만	20 %	5년 이상 6년 미만	20%
6년 이상 7년 미만	24%	6년 이상 7년 미만	24%
7년 이상 8년 미만	28%	7년 이상 8년 미만	28%
8년 이상 9년 미만	32%	8년 이상 9년 미만	32%
9년 이상 10년 미만	36%	9년 이상 10년 미만	36%
10년 이상	40%	10년 이상	40%

▲ 1세대 1주택이 아닌 일반부동산은 양도차익에 보유기간별로 정해진 공제율을 곱한 금액을 공제한다. 양도차익이 3억 원인 상가의 보유기간이 5년일 경우 양도소득은 양도차익의 10%인 3,000만 원을 공제한 2억 7,000만 원이다.

▲ 1세대 1주택은 보유기간별 공제율과 거주기간별 공제율을 각각 적용해서 합산한다. 9년간 보유하고 6년간 거주한 주택이라면 각각 36%와 24%, 모두 60%를 공제하므로 양도차익이 5억 원일 경우 양도소득은 3억 원(5억 원 × 60%)을 차감한 2억 원이다.

앞서 예를 든 조 과장이 보유한 주택을 지금 20억 원에 양도할 경우 양도소득금액을 따져보기로 하자. 12년 전 취득금액을 포함한 필요경비가 5억 원일 경우, 고가주택에 해당하므로 양도차익 15억 원의 40%[(20억 원 - 12억 원) ÷ 20억 원]인 6억 원이 양도차익에 해당한다.

그러나 취득이후 계속 보유하고 거주했다면 보유기간 12년과 거주기간 12년에 대한 장기보유특별공제를 각각 40%씩 적용받으면 모두 80%를 공제받게 된다. 따라서 양도소득은 1억 2,000만 원[6억 원 - (6억 원 × 80%)]으로 줄어든다.

결국 양도소득세를 내야하는 고가주택이라고 하더라도 10년 이상만 보유하고 거주하면 양도차익의 80%를 공제받기 때문에 실제로 내야 할 양도소득세는 매우 많이 줄어든다.

(3) 양도소득 과세표준과 산출세액 계산

양도소득금액에서 기본공제를 차감하면 과세표준이 나오는데 **기본공제금액**은 양도자별로 연간 250만 원이다. 조 과장의 경우 250만 원을 차감한 과세표준은 1억 1,750만 원이 된다.

양도소득세의 세율은 기본적으로 종합소득세율과 동일하다. 다만, 조정대상지역의 3주택 이상 다주택자(2주택자에 대한 중과세는 2026년 5월까지 유예됨)와 비사업용토지는 중과세하기 위해 종합소득세율에 각각 30%와 10%포인트를 가산해서 적용한다. 이에 따라 3주택으로서 과세표준이 10억 원을 초과할 경우 세율이 무려 75%(45% + 30%)에 이른다.

또한 해외주식 등 주식의 양도소득(양도차익에서 양도차손을 차감한 금액)에 대해서는 과세표준에 20%(지방소득세를 포함하면 22%)의 세율을 적용한다.

조 과장의 경우 과세표준 1억 1,750만 원에 대한 산출세액은 약 2,568만 원(지방소득세 10%를 포함하면 2,825만 원)이 나온다. 양도소득세도 양도가액과 필요경비 및 보유기간에 관한 정보를 입력하면 자동계산기에서 세액을 확인할 수 있다.

▶ 양도소득세 과세표준 계산흐름 ◀

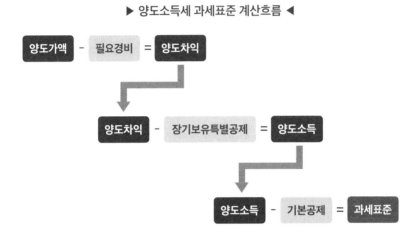

(4) 양도소득세의 신고와 납부

양도소득은 종합소득이 아니므로 다음 해에 신고하는 것이 아니라 양도한 당시에 신고를 해야 한다. 신고기한은 부동산의 경우 양도일의 다음 다음달 말일까지인데 이를 **예정신고**라고 한다. 여기서 양도일이란 매매계약을 한 날이 아니라 잔금일과 소유권이전등기일 중 빠른 날을 말한다.

그런데 보통 잔금을 치르고 수일 후에 소유권이전등기가 마무리되므로 일반적으로는 잔금일이라고 보면 된다. 만약 2월 10일에 잔금을 치렀다면 4월말까지 양도소득세를 신고하고 내야 한다.

양도소득세는 신고를 안할 수가 없다. 법원의 등기소로부터 소유권이전등기자료가 국세청으로 넘어가고 해외주식 매도내역도 증권사에서 국세청으로 자료가 제공되는데, 이를 토대로 국세청에서 신고여부를 검증하기 때문이다. 신고하지 않은 경우에는 일반적인 세금과 동일하게 가산세 등을 추가로 내야 한다.

특히 양도가액보다 취득금액 등 필요경비가 더 많아 양도차익이 음수(마이너스)인 경우 이를 **양도차손**이라고 하는데, 양도차손이라서 낼 세금이 없다고 하더라도 신고를 하는 것이 좋다(신고를 안하더라도 산출세액이 없으므로 가산세는 없다). 신고를 통해 양도차손이 발생했음을 증명할 수 있으며 동일한 종류의 자산끼리는 손익을 통산해서 양도소득세를 줄일 수 있기 때문이다.

예정신고를 한 경우에는 다음해 5월에 **확정신고**를 하지 않아도 된다. 그러나 1년에 2건 이상 양도한 경우에는 연도 중에 양도소득세 예정신고를 했다고 하더라도 반드시 다음해 5월에 합산해서 다시 확정신고를 해야 한다. 양도소득세 세율이 누진세율이라서 양도건별로 적용되는 세율보다 합산할 경우 적용되는 세율이 더 높아지므로 차액을 추가로 내야 하기 때문이다. 이 경우 양도차익과 양도차손이 각각 발생한 경우에는 동일한 성격의 자산끼리는 손익을 통산(주식과 부동산은 서로 다른 성격의 자산이므로 손익통산이 불가능함)한 순차익(양도차익 - 양도차손)에 대해 양도소득세를 낸다.

예를 들어, 주택매매에서 양도차익(장기보유특별공제를 차감한 금액임)이 3억 원, 상가매매에서 양도차손이 2억 원 발생했다면 2건 모두 부동산으로서 동일자산이므로 손익을 통산하면 세금을 내야 할 양도소득은 1억 원이다. 따라서 양도차익과 양도차손이 같이 발생한 경우에는 한 해에 묶어서 양도하는 것이 유리하지만, 전부 양도차익이 발생한 건이라면 합산되지 않게 가급적 연도를 달리해서 양도하는 것이 유리하다.

한편, 주식의 경우에는 국내주식과 해외주식의 신고방법이 다르다. 국내주식(비상장주식 및 대주주의 상장주식)은 반기별로 모아서 상반기(1월~6월)의 양도차익은 8월말까지, 하반기(7월~12월)의 양도차익은 다음 해 2월 말일까지 예정신고를 해야 한다. 해외주식은 1년간의 양도차익에 대해 다음해 5월에 한꺼번에 확정신고를 하면 된다. 어떤 경우든 주식은 장기보유특별공제 대상이 아니므로 양도차익에서 양도차손을 뺀 순차익금액에서 250만 원(기본공제)을 공제한 금액이 과세표준이다.

양도소득세 신고에 필요한 자료를 어차피 본인이 모두 갖고 있으므로 굳이 비용을 들여가면서 세무대리인에게 맡길 필요는 없다. 세금 자동계산기를 통해 대략적인 세금액수를 먼저 확인해 본 다음, 국세청 홈택스를 이용하면 비교적 쉽게 신고가 가능하다. 안내 메시지에 따라 관련 증빙자료만 스캔파일로 업로드시키면 된다. 세무대리인이 하더라도 결국 같은 절차로 신고하는 것이므로 지금까지 살핀 세금계산 흐름대로 따라 하면 된다.

📠 똑똑한 한 채를 선호하는 이유가 있다

부동산에 관한 정부정책은 늘 일관적이지 않으며 당시 정부가 추구하는 정책목표나 국정철학에 따라 주기적으로 바뀌고 그에 따라 세법에 반영된다. 그래서 세법을 통해 정부가 추구하는 방향을 보고 그에 맞춰 투자하기도 한다. 세법이 사람들의 행위를 변화시키는 셈이다.

지금은 누가 보더라도 다주택자 수난시대다. 조정대상지역의 다주택자에게는 양도소득세를 중과세(단, 2주택자에 대한 중과세는 2026년 5월까지 유예됨)하고 중과세 대상인 경우에는 장기보유특별공제도 해주지 않는다. 이로 인해 다주택자가 집을 팔면 양도차익의 대부분을 정부가 세금으로 가져간다. 게다가 보유하는 동안 매년 내는 종합부동산세도 부동산금액과 상관없이 3주택 이상이면 더 높은 세율을 적용하고 2주택자부터는 고령자와 장기보유자에 대한 세액공제도 해주지 않는다.

하지만 1주택자는 이런 불이익에서 매우 자유롭다. 공시가격이 9억 원 이하일 경우 재산세를 별도의 낮은 세율로 적용한다. 고가주택이라도 10년 이상 보유하고 거주하면 양도차익의 80%를 공제받는데다, 아무리 비싼 집이라도 1주택이면 종합부동산세를 일반세율로 낸다. 게다가 주택 소유자가 60세 이상이거나 5년 이상 보유하면 세액공제까지 해준다.

세법만 놓고 보면 외곽지역의 싼 주택을 여러 채 가지는 것보다 핵심지역의 비싼 주택 1채가 훨씬 더 유리하니 이를 선호할 수밖에 없다. 외곽지역의 여러 채를 정리해서 강남 등 핵심지역의 똑똑한 한 채로 갈아타다보니 부동산의 양극화는 더 심해지고 다주택자 소멸로 인한 전·월세의 공급감소는 필연적이다. 이런 문제점들이 사회적으로 이슈가 되면 정책이 또 바뀌고 사람들은 또 다시 새로운 방향으로 움직일 것이다.

📑 부모·자식간에 시가보다 싸거나 비싸게 거래한 금액은 인정하지 않는다

부동산거래에서 흔히 가족간 거래라는 것이 있다. 부동산을 남이 아닌 가족 등 특수관계인끼리 사고 파는 것을 말한다. 가족간에도 얼마든지 부동산거래가 가능하다. 부모가 자녀에게 팔거나 반대로 자녀가 부모에게 파는 경우가 있을텐데, 일반적으로는 전자가 흔하다. 이런 거래를 증여가 아닌 양도거래로 주장하려면 자녀의 소득과 재산(대출금을 포함)이 충분해서 그 대금을 지급할 수 있어야 한다.

그런데 이런 경우 대부분 시가보다 싸게 거래가 이루어진다. 부모입장에서 시가보다 싸게 팔면 그 차액만큼 자녀에게 간접적으로 증여하는 효과가 생기기 때문이다. 하지만 세법에서는 이를 부당행위로 규정하고 인정하지 않는다. **부당행위**로 보는 기준은 시가와 거래가의 차액이 3억 원 이상이거나 또는 시가의 5% 이상인 경우를 말한다.

예를 들어, 시가 15억 원인 부동산을 자녀에게 싸게 팔 때, 양도가액이 12억 원 미만이거나 시가의 5%인 7,500만 원 이상 시가와 차이가 나면(즉, 거래가가 14억 2,500만 원 미만이면)부당행위에 걸리는 셈이다.

이런 경우 양도소득세를 계산할 때 당사자의 거래금액과 상관없이 시가인 15억 원을 양도가액으로 간주한다. 사실 5% 기준은 매우 엄격한 것이다. 왜냐하면 시가가 60억 원을 초과하지 않는 이상,

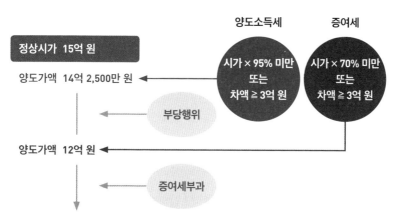

▶ 양도소득세와 증여세가 부과되는 저가양도의 판단 기준 ◀

양도소득세

증여세

정상시가 15억 원

양도가액 14억 2,500만 원

시가 × 95% 미만 또는 차액 ≥ 3억 원

시가 × 70% 미만 또는 차액 ≥ 3억 원

부당행위

양도가액 12억 원

증여세부과

▲ 특수관계인간 저가양도거래가 양도소득세 부당행위에 걸리지 않으려면 양도가액이 시가의 95% 이상이어야 하며. 증여에 해당하지 않으려면 양도가액이 시가의 70% 이상이면서 차액이 3억 원 미만이어야 한다.

차액이 3억 원 이내일지라도 웬만하면 5% 이상일 가능성이 높기 때문이다.

한편, 이와 달리 상속세및증여세법에서는 자녀 등 특수관계인에게 저가로 양도할 경우 **증여로 보는 금액**을 시가와의 차액이 3억 원 이상이거나 시가의 30% 이상인 경우로 규정하고 있다.

따라서 앞의 사례의 경우 양도가액이 13억 원이라면 양도소득세에서는 부당행위로 걸리지만 시가와의 차액이 2억 원으로서 3억 원 미만이고, 시가의 30%인 4억 5,000만 원 미만이므로 증여에는 해당하지 않는다.

만약 양도가액이 10억 원이라면 증여에 해당하는데 이 경우 증여로 보는 금액은 시가와의 차액에서 3억 원과 시가의 30%(4억 5,000만 원) 중 적은 금액을 뺀 금액이다. 즉, 차액 5억 원에서 3억 원을 뺀 2억 원을 자녀가 증여받은 것으로 보고 증여세를 부과한다.

🖩 살 때부터 부부공동명의로 등기하는 것이 좋다
....

주택 등 부동산을 취득할 경우 특별한 이유가 없는 한, 부부 공동명의로 등기해야 한다. 단독명의든, 공동명의든 부동산 취득시 내야 하는 세금, 즉 취득세는 차이가 없다. 취득세가 누진이 아닌 비례세율이기 때문이다. 단, 주택의 취득금액이 6억 원을 초과하는 경우에는 세율이 한 단계 올라가므로 공동명의로 하면 취득자별로 적용되는 세율이 낮아져서 유리하다.

재산세는 세금차이가 없다. 재산세는 누진세이지만 사람이 아닌 부동산 건별로 매기는 것으로서 단독명의든 공동명의든 상관없이 재산금액을 기준으로 세금을 매기기 때문이다.

그럼에도 불구하고 공동명의를 해야 하는 이유는 먼 훗날에 대비하기 위함이다. 처음으로 집을 살 때는 영원히 1세대 1주택일 것으로 예상하고 양도소득세를 낼 일도 없다고 생각하지만 사람의 미래는 알 수 없는 것이다. 2년의 보유기간이나 거주기간을 못 채우고 이사갈 일이 생길수도 있고 추가로 1채를 더 갖게 될 수도 있다. 양도소득세는 양도자별로 내는 것이므로 공동명의라면 양도차익이 둘로 쪼개지면서 적용세율이 낮아지며 기본공제(250만 원)도 양도자별로 각각 받을 수 있다.

만약 나중에 부동산의 일부지분을 배우자에게 넘길 때는 취득세와 등기비용을 또 지출해야 한다. 따라서 최초 취득시에 처음부터 아예 나누어 등기하는 것이 최선의 방법이다.

물어보기 부끄러워 묻지 못했던 질문

Q1 2주택자인데, 이번에 집을 팔았습니다. 양도소득세를 신고하려고 하는데, 3년 전에 화장실보수와 도배·장판비용으로 600만 원을 지출했습니다. 영수증을 다 보관하고 있는데 필요경비로 공제받을 수 있는지요?

✔ 필요경비로 공제할 수 있는 것은 자본적 지출(지출로 인해 부동산가치가 올라가는 것을 말함)에 한합니다. 화장실보수나 도배·장판비용 등 수리비는 원상복구를 위해 주기적·반복적으로 발생하는 소모성 지출이므로 공제가 불가능합니다.

Q2 아파트 1채를 보유하고 있는데 업무용 오피스텔 1채를 3년 전에 구입하여 본인 사업장으로 사용하다 최근 주거용으로 임대하였습니다. 향후 아파트를 매각할 때 양도세 비과세 혜택을 받을 수 있는 방법에 대하여 문의 드립니다.

❶ 아파트를 매도하기 전, 임대 중인 주거용 오피스텔을 언제까지 매도해야 하는지?

✔ 주거용 오피스텔은 주택으로 간주하므로 현재는 1세대 2주택 상태입니다. 1세대 1주택 비과세를 위해서는 양도일 현재 1주택으로서 보유기간이 2년 이상이어야 합니다. 따라서 아파트를 양도하기전까지 주거용 오피스텔을 팔아서 1주택 상태가 된 후, 아파트를 양도하면 비과세됩니다. 이 경우 1주택 상태가 된 이후 보유기간이 2년 이상이어야 하는 것은 아니며, 양도일을 기준으로 1주택인 경우로서 해당 주택의 과거 보유 기간이 2년 이상이면 됩니다. 단, 주거용 오피스텔 매도시에는 2주택 상태이므로 양도소득세를 내야 합니다.

❷ 오피스텔이 매도가 안될 경우, 주거용을 업무용으로 변경하면 아파트가 비과세 대상이 되는지? 이 경우 업무용으로 변경하여 비과세 대상이 된다면 언제까지 업무용으로 변경해야 하는지요?

✓ 오피스텔을 업무용으로 임대하려면 임대사업자등록을 하고 이에 따라 부가가치세와 임대소득세를 내야 합니다. 업무용 오피스텔은 주택이 아니므로 양도소득세를 내야합니다. 이렇게 해서 1주택 상태가 된 이후, 양도하면 비과세됩니다.

....

Q3 65세 이상 부모님이 주택을 소유하고 있는데, 같이 살고 있는 30세 이상인 자녀부부가 주택을 취득해서 1세대 2주택이 됐습니다. 세무서에서 하는 말이 양도시점에서 세대분리하면 비과세가 된다고 하는데, 1세대 2주택의 경우라도 주택 매도시 주소지를 분리해서 각각 1세대 1주택이 되면 비과세되는 건가요?

✓ 부모집에서 같이 살던 주택소유자(자녀)가 30세 이상인 경우 세대를 분리해서 나가면 두 집 중 어떤 집을 팔더라도 양도일 현재 부모와 자녀가 각각 1세대 1주택자로서 보유기간 또는 거주기간요건을 갖추었다면 양도소득세가 비과세됩니다. 이 경우 세대분리는 양도일(잔금일) 전까지 하면 됩니다.

....

Q4 세금이 많이 나오는데도 집을 사는 것이 옳은 일인지 궁금합니다. 만약에 20억 원이 있는데 12억 원짜리 집을 구매하는 것과 월세로 매월 250만 원 정도를 내는 것을 비교했을 때, 어느 것이 유리할까요? 만약 집을 사게 되면 취득세를 몇 천만 원씩 내야 하고 매년 보유세도 많이 내야 되는 걸로 아는데, 12억 원짜리 집이면 1년에 세금을 어느 정도 내야 하나요?

✔ 인터넷의 세금자동계산기에 취득가액을 12억 원으로 입력하면 취득세는 전용면적 85㎡ 이하이면 3,960만 원, 전용면적 85㎡ 초과이면 4,200만 원이 나옵니다. 재산세는 공시가격을 8억 원으로 가정하면 매년 220만 원 정도 나옵니다.

그런데 1세대 1주택은 안정적인 주거와 함께 장기적인 인플레이션을 방어하기 위한 기본적인 수단이므로, 단지 세금부담만을 고려해서 결정할 수는 없습니다.

....

Q5 서울에 아파트 1채를 부부 공동명의로 보유하고 있는 상황에서 4년 전에 용인에 단독주택을 부부 공동명의로 6억 1,000만 원에 추가로 매입했다가 최근에 7억 2,000만 원에 매도했습니다. 중간에 태양광시설을 설치하고 1평반 정도 증축공사를 했습니다. 취득세 등 세금도 납부했는데 태양광 시공업자와 건축사무소가 모두 폐업을 한 상태라서 세금 외에는 증빙할 서류가 없습니다.

이 경우 양도차익이 1억 1,000만 원인데 부부 공동명의니까 각자의 양도차익은 5,500만 원으로 알고 있습니다. 제가 직접 신고하지 않고 세무사 사무실 도움을 받으면 수수료보다 절세가능액이 더 많을까요?

✔ 양도차익 계산시 공사비 관련증빙이 있다면 필요경비로 공제가 가능한데, 없으니 취득세 납부액만 필요경비로 넣으면 됩니다. 2주택이지만 조정대상지역이 아니므로 양도차익에서 장기보유특별공제(보유기간이 4년이므로 양도차익의 8%)와 기본공제(250만 원)를 차감하면 과세표준이 나옵니다. 국세청 홈택스에서 양도가액과 취득가액 및 공동지분내역을 입력하면 양도소득세 결과가 나옵니다. 세무사 사무실에서 딱히 절세해 줄 수 있는 것이 없으며 단순한 신고라 수수료를 낼 필요없이 본인이 홈택스에서 직접 신고하는 것이 유리합니다.

....

아래와 같은 상황에서 양도소득세 비과세가 될 수 있을지 문의 드립니다.

· **2024.01.20. 주택구입 후 전입신고**
· **2024.09.16 직장 이전 (경상도→수도권)**
· **2025.01.20 주택매도 후 수도권의 직장 근처로 전입신고예정(세대원 전체)**

✅ 1세대가 양도일 현재 국내에 1주택을 보유하고 있는 경우로서 취학, 근무상의 형편, 질병의 요양, 그 밖에 부득이한 사유로 세대전원이 다른 시·군으로 이전하는 경우에는 1년 이상 거주기간 요건만 충족하면 양도소득세를 비과세합니다.

그런데 주택구입 후 직장 이전 시점까지 거주기간이 8개월이어서 1년 이상 거주기간요건을 충족하지 못해 비과세적용이 불가능합니다. 본인을 제외한 나머지 가족만 종전 주소지에서 계속 거주해서 1년을 채운 것으로 판단됩니다.

세법에서는 당사자 이외의 세대원 중 일부가 취학, 근무 또는 사업상의 형편 등으로 당사자와 함께 주거를 이전하지 못하는 경우에도 세대전원이 주거를 이전한 것으로 보므로 주거이전 시점은 24년 9월 16일로서 거주기간요건 1년에 미달합니다.

....

Q7 **아버지에게 증여받은 아파트(무주택자에서 1주택자가 됨)를 본인이 2년 이상 거주 후 매도하면 세금안내도 되는 것이 맞나요? 증여받은 후 10년 이내에 팔면 안된다고 해서요.**

✅ 배우자나 직계존비속으로부터 증여받은 부동산의 경우 증여받은 날로부터 10년 이내에 매도하면 양도소득세를 계산할 때 취득가액을 증여받은 금액이 아닌 증여자가 당초에 취득한 금액으로 따지기 때문에 양도차익이 커져 양도

세가 많아지게 됩니다.

그러나 질문자의 경우 1세대 1주택으로 2년 이상 보유하고 거주했으므로 어차피 양도소득세가 비과세됩니다. 다만, 양도대금의 실제 귀속자가 아버지일 경우에는 양도소득세 회피를 위한 부당거래로 간주될 수 있습니다.

CHAPTER

⑤

재산을 물려받을 때 내는 세금
상속세·증여세

01

유산을 물려받으면 상속세를 낸다

📋 상속과 증여, 어느 것이 더 유리할까?

재산을 가족에게 아무런 대가 없이 물려주는 방법은 상속과 증여뿐이다. 상속은 본인의 사망에 의해 자연스럽게 이전되는 것이며, 증여는 본인이 살아있는 동안 자발적으로 미리 재산을 이전하는 것이다.

따라서 증여를 죽기 전 상속 즉, 사전상속이라고 하며 상속은 일생에 단 한번만 가능하지만 증여는 여러 번에 걸쳐 실행할 수 있다. 조금씩 나누어 증여하면 과세표준이 분산되어 더 낮은 세율로 세금을 낼 수 있어 유리하다. 또한 상속은 상속받을 사람과 상속재산에 대한 지분이 법으로 정해져 있지만, 증여는 증여자가 마음대로 아무에게나 주고 싶은 만큼 줄 수 있다.

　이런 면에서 보면 증여가 상속보다 더 유리하다. 여러 번에 걸쳐, 낮은 세율로 세금을 내고 증여하다보면 나중에는 상속할 재산이 많이 줄어들어 상속세도 줄일 수 있다.

▶ 상속·증여에 따른 재산이전과 세금 ◀

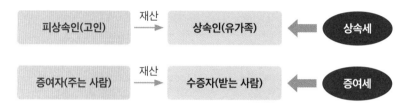

　그래서 세법에서는 10년 이내에 동일인(부모는 동일인으로 본다)으로부터 반복해서 증여받은 경우에는 합산한 금액을 기준으로 증여세를 매기고, 상속과 달리 증여에 대해서는 세금계산과정에서 공제를 많이 해주지 않는다.

　또한 상속은 유가족의 사망신고에 따라 고인의 사망사실이 자동으로 확인되므로 그 신고가 누락될 가능성이 없다.

　하지만 증여는 부동산 등 등기된 자산을 제외하고는 증여받은 사람(수증자라고 함)이 자발적으로 신고하지 않는 한, 증여사실을 파악하기 힘들어서 세금을 부과하기 어렵다. 이런 점을 감안해서 상속세와 증여세에는 납세의무자의 자발적인 신고에 대해 다른 세금에는 없는 **신고세액공제**(산출세액의 3%를 깎아줌)라는 제도가 있다.

상속세, 웬만한 중산층도 그 대상이 될 수 있다

돈을 버는 목적은 쓰기 위해서다. 나이가 들어 소득활동을 하지 않을 때는 그동안 벌어서 모아둔 돈을 사용하는데, 앞으로 언제까지 돈이 필요할지 모르기 때문에 돈을 아끼게 되고 이로 인해 생을 마감할 때는 항상 쓰지 못한 돈을 남기게 된다.

사망에 의해 남겨진 재산(유산)은 자녀 등 유가족에게 분배되는데, 이때 재산을 물려받은 상속인들에게 상속세가 부과된다. 고인이 평생 땀흘려 벌었고 소득세와 재산세도 빠짐없이 냈지만, 유가족이 공짜로 취득한 유산에 대해 마지막으로 상속세를 매기는 것이다.

상속세를 계산하는 방법은 두 가지다. 고인(세법에서는 돌아가신 분을 피상속인이라고 한다)이 남긴 유산총액을 기준으로 상속세를 매기는 방법(**유산과세방식**이라고 한다)과 상속인별로 각자 물려받은 재산에 대해 상속세를 매기는 방법(**유산취득세방식**이라고 한다)이 있는데, 우리나라는 유산과세방식을 적용하고 있다. 상속세도 누진세율이다보니 상속재산 전체를 기준으로 세금을 매기면 높은 세율 때문에 세금이 더 많아진다.

그동안 상속세는 물려준 재산이 많은 부유층의 세금이라 일반인들의 관심이 적었다. 하지만 급격한 인플레이션과 이에 따른 부동산가격 상승으로 지금은 수도권에서 집 한 채와 약간의 금융자산을 보유한 경우라도 상속세를 내야 하는 상황이 됐다.

고인의 배우자가 생존해 있으면 상속재산이 10억 원, 그렇지 않으면 5억 원만 넘어도 상속세가 부과된다. 특히 상속은 미리 예고되지 않은 상태에서 어느 날 갑자기 맞이하는 경우가 많은데다, 상속재산의 대부분이 부동산일 경우 거액의 상속세를 내지 못하는 경우도 매우 흔하기 때문에 미리 대비해야 한다.

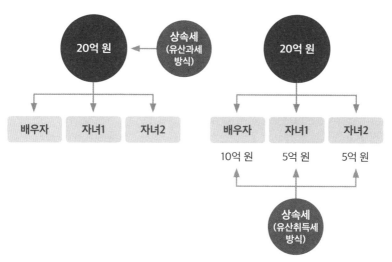

▶ 유산과세와 유산취득세 방식의 차이 ◀

▲ 유산과세방식은 고인이 남긴 유산총액인 20억 원을 기준으로 상속세를 계산하는 것이며, 유산취득세방식은 상속인별로 각자 받은 상속재산에 대해 따로 따로 상속세를 계산한다. 상속세율이 누진세율이기 때문에 유산과세방식의 경우 적용세율이 높아져서 세금부담이 더 많아진다.

📑 유가족 중 누구에게, 얼마나 상속권이 있을까?

재산상속에서 가장 예민한 문제는 상속권과 상속지분이다. 즉 누가, 얼마를 가져갈 것인지를 정하는 것인데, 상속재산을 분배받을 권리인 **상속권**은 민법에 정해져 있다. 상속 1순위자는 자녀이며 배우자가 있는 경우 배우자는 자녀와 함께 공동 1순위자다.

대부분의 상속은 1순위자가 받는다. 그러나 자녀가 없는 경우에는 2순위자인 고인의 부모에게 상속권이 있다. 이 경우에도 고인의 배우자는 공동으로 상속권을 갖는다.

매우 드문 경우지만 만약 자녀와 부모가 모두 없고 배우자마저 없다면 상속권은 고인의 형제자매에게 돌아간다. 상속권은 법에 정해진 것이므로 이를 바꿀 수는 없다. 하지만 앞 순위의 상속인이 모두 상속권을 포기하면 다음 순위자가 상속받을 수 있다.

상속지분은 상속인들이 각자 얼마나 받을 것인지를 정하는 것인데, 기본적으로 고인의 뜻(유언)에 따른다. 어차피 고인의 재산이므로 고인의 의지대로 나눠줄 수 있다.

그런데 모든 사람이 유언을 하고 사망하는 것은 아니다. 유언장에 따른 분배, 즉 **유언상속**이 우선이지만 유언이 없는 경우에는 민법에서 정한 법정지분대로 나누는데 이를 **법정상속**이라고 한다. **법정지분**은 모든 상속인이 상속재산을 1/N로 동일하게 나누되, 배우자만 본인 지분의 50%를 더 받을 수 있다. 예를 들어, 상속인이 배우자와 두 자녀일 경우 두 자녀가 각각 1씩 상속받으면 배우자는 1.5의 지분을 갖는 것이므로 자녀는 각각 1/3.5(28.5%)을, 배우자는 1.5/3.5(43%)를 상속받는다.

▶ 상속권자와 상속지분 ◀

	상속권자	법정상속지분
1순위	직계비속(자녀) + 배우자	자녀는 동일, 배우자만 50%할증
2순위	직계존속(부모) + 배우자	부모는 동일, 배우자만 50%할증
3순위	형제자매	

▲ 직계비속과 직계존속이 모두 없는 경우에는 배우자가 단독으로 상속받음

그런데 유언상속의 경우 고인의 일방적인 의사에 따라 특정 상속인이 상속에서 제외되거나 상속재산을 적게 받는 등 상속권이 침해될 수 있으므로 **유류분청구**라는 제도를 통해 상속권을 보호하고 있다.

상속에서 제외되거나 최소한의 법정상속지분을 받지 못한 상속인은 가정법원에 유류분청구소송을 제기해서 민법상 정해진 법정지분의 1/2을 받을 수 있다. 즉, 유류분은 민법에서 정한 법정지분의 1/2이며 최소한 그 만큼은 민법에서 보장하고 있는 셈이다.

상속재산의 많고 적음에 상관없이 발생하는 유가족간의 상속분쟁은 대부분 상속지분과 관련된 것이다. 따라서 유언을 통해 재산상속을 미리 한다면 모든 상속인을 공평하게 대우하거나, 최소한 법정지분의 1/2은 줘야 사후에 상속인들간의 상속분쟁을 예방할

수 있다.

한편, 상속인들이 모두 합의하면 원하는 대로 조정해서 상속재산을 다시 나눌 수도 있는데 이를 **협의분할**이라고 한다. 상속재산이 모두 현금성자산이 아니기 때문에 지분비율대로 정확히 나누기 어려운 점을 감안한 것이다.

📋 빚도 상속된다는데 부모의 빚을 상속받지 않으려면?

고인이 남긴 유산에는 재산도 있지만 갚아야 할 빚도 있다. 고인이 갚지 못한 채무는 고스란히 상속인에게 이전된다. 즉, 빚도 상속되는데 물려받은 재산이 채무보다 더 많으면 상관없겠지만, 재산보다 채무가 더 많다면 상속을 안 받는 것이 더 나을 수도 있다.

이런 경우 법에서는 상속인을 보호하기 위해 **상속포기**라는 제도를 두고 있다. 즉, 상속포기 신청을 하면 고인의 재산과 채무를 모두 물려받지 않게 되므로 고인의 채무를 떠안지 않아도 된다. 상속포기는 채무 뿐만 아니라 재산도 상속을 포기하는 것을 말하는 것이므로 고인의 확인된 채무가 상속재산보다 많은 것이 명백한 경우에는 상속을 포기하는 것이 일반적이다.

이에 반해 **한정승인**은 재산을 상속받되, 채무는 받은 상속재산금액 범위 내에서만 받아들이는 것이다. 상속개시 당시에는 확인된 상속채무보다 상속재산이 더 많지만 앞으로 숨겨진 새로운 채무가 드러날 가능성이 있는 경우 위험을 사전에 예방하기 위한 수단이다.

한편, 상속인은 물려받은 상속재산으로 고인의 채무를 갚아야 하므로 상속세는 채무를 공제한 순상속재산을 기준으로 계산한다.

이민 간 부모에게서 받은 해외상속재산은 상속세가 없다

우리나라 상속세가 지나치게 과다하다보니 해외로 재산을 옮기는 경우는 물론, 아예 이민을 가는 경우도 많다. 최근 우리나라 국민 중 해외이민 등으로 국적을 상실한 사람이 매년 약 3만 명이라고 한다.

그 중 70%인 2만 명은 미국으로 이민을 떠나며 다음으로 캐나다, 호주순이다. 이민가는 이유는 저마다 다르겠지만 대부분은 최고 50%에 달하는 상속세 때문이라고 한다. 미국은 상속세를 안내도 되는 면세점이 200~300억 원에 달하며 캐나다, 호주, 뉴질랜드, 스위스, 스웨덴, 노르웨이, 싱가포르, 말레이시아 등은 아예 상속세가 없다.

내국인(거주자)이 국내의 재산을 처분해서 해외에서 재산을 취득할 경우 해외재산도 상속재산에 포함된다. 단, 이민으로 해외국적을 취득하면 국내에 있는 재산에 대해서만 상속세를 내면 된다. 결국 이민을 가더라도 국내에 재산을 남겨두는 경우는 아무런 의미가 없으며 모든 재산을 처분해서 들고 나가야 한다는 뜻이다.

하지만 이민자라도 국내에 생계를 같이 하는 가족이 남아 있다면 내국인과 동일하게 본다. 예를 들어, 독립적인 생계능력이 없는 배우자나 자녀를 국내에 둔 채, 본인만 해외이민을 간 경우에는 내국인과 같이 국내외 모든 재산에 대해 상속세를 내야 한다.

그러나 자녀가 국내에서 독립적으로 생계를 유지하고 있는 상태에서 부부가 함께 국내 재산을 정리해서 이민을 가면 해외재산에 대한 상속세 부담은 없다.

📋 사망보험금도 상속재산에 포함된다

상속세는 상속재산에 매기는 세금이다. 상속재산은 사망일 현재 고인이 남긴 유산으로서 고인 명의의 모든 재산이 포함된다. 상속재산의 대부분은 예금·주식 등 금융재산과 부동산이다.

그런데 고인명의의 재산이 아닌데도 불구하고 상속재산에 포함되는 것이 있다. 사망으로 인해 지급받은 **보험금**과 **퇴직금**이다. 고인이 피보험자로 가입한 종신보험 등 사망보험금은 고인의 사망시 보험금수익자로 지정된 자에게 지급되거나 수익자를 지정하지 않은 경우 상속인에게 지급되는데, 세법에서는 이를 상속재산으로 본다.

단, 고인이 계약자로서 납입한 보험만 상속보험금에 해당한다. 고인이 보험료를 납입했는데 사망보험금 수령으로 보험금 수익자인 상속인의 재산이 늘어났으므로 이를 고인이 물려준 유산으로 보는 것이다.

따라서 피보험자만 고인이었을 뿐, 계약자로서 보험료를 납입한 사람이 고인이 아닌 배우자나 자녀였다면 상속재산에 포함되지 않는다. 가장을 피보험자로 사망보험에 가입할 때는 이런 점을 감안해서 가급적 피보험자와 계약자(보험료 납입자)를 다르게 하는 것이 좋다.

📑 사망 전 10년 이내에 한 증여는 효과가 없다

사망 전 10년 이내에 상속인(배우자와 자녀 등 1순위 상속인을 의미함)에게 증여한 재산이 있을 경우에는 이를 죽기 전에 미리 상속한 것으로 보고 상속재산에 합산하는데 이를 **사전상속재산**이라고 한다. 이 경우 해당 자산이 부동산이라면 증여신고 당시의 평가금액으로 합산하고 증여신고 당시에 냈던 증여세를 상속세에서 공제해준다. 이 때문에 증여를 가급적 미리 해야 하며, 사망 전 10년 이내에 한 증여는 효과가 없다는 말을 하는 것이다.

한편, 손자녀 등 1순위 상속인이 아닌 자에게 미리 증여한 것은 사망 전 5년 이내에 증여한 것만 합산한다.

이와 같이 사망 전 10년(또는 5년) 이내의 사전상속재산은 무조건 상속재산에 합산되는데, 이와 별개로 **추정상속재산**도 합산한다. 추정상속재산은 국세청이 사전상속재산으로 의심하는 것으로서 상속인들이 미리 상속받은 것이 아니라는 사실을 적극적으로 소명하지 못할 경우 상속재산에 포함시키는 것이다.

추정상속재산은 고인의 사망 전 계좌추적을 통해 포착하는데, 자산의 유형별(금융자산 또는 부동산)로 사망 전 1년 이내에 2억 원이 넘거나, 2년 이내에 5억 원이 넘는 예금인출액과 재산처분액 또는 채무(은행대출금이나 임대보증금 등)중 사용처가 불분명한 것을 말한다.

이들 자금에 대한 사용처를 고인만 알고 상속인은 모를수도 있지만 그 사용처를 상속인이 소명해야 한다. 만약 사용처를 입증하지 못하면 이를 상속인에게 미리 나눠준 것으로 보아 상속세를 매

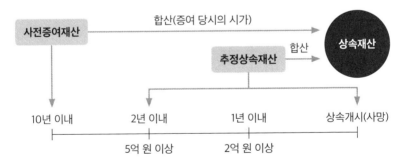

▶ **상속재산에 포함되는 것들** ◀

▲ 상속재산에는 사망당시 고인 명의의 예금·주식·부동산외에도 사망보험금 및 퇴직금이 포함되며, 사망전 10년 이내에 상속인에게 사전증여한 재산과 추정상속재산(사망전 1년 이내 2억 원 이상, 2년 이내 5억 원 이상의 예금인출액이나 재산처분액 또는 채무액 중 사용처가 불분명한 것)이 모두 포함된다.

기므로 주의해야 한다. 나아가 2년 전의 인출금액이나 재산처분액
등도 사전증여가 이루어진 사실을 국세청이 찾아내서 입증하면 상
속세 과세대상에 포함된다.

따라서 사망 전 2년 이내에는 가급적 이런 자금의 인출과 재산
처분 또는 무리한 차입금을 통한 사전상속을 하지 않는 것이 좋다.

🧮 상속·증여재산을 얼마로 평가하느냐에 따라 세금이 달라진다

상속재산 중 예금과 보험금 등은 각각 사망일 현재 금융회사의
잔고증명서와 지급명세서 등으로 확인이 가능하므로 평가가 매우
간단하다. 상장주식도 시가를 확인하기 쉽다. 하지만 상속재산의
대부분을 차지하는 부동산은 평가가 매우 어렵다.

모든 상속재산은 사망일(세법에서는 상속개시일이라고 한다)의 **시가로
평가**하는 것이 원칙이다. 하지만 부동산은 그 거래가 빈번하지 않
기 때문에 사망일 현재의 거래시가가 거의 존재하지 않는다. 따라
서 세법에서는 시가인정범위를 확대해서 사망일 전후 6개월간 확
인된 **매매가·감정가·경매가**를 모두 시가로 본다.

나아가 국세청에서 상속세를 최종적으로 확정하여 결정할 때까
지 확인된 매매가나 감정가도 시가로 보며 상속부동산과 동일하지
않더라도 유사한 부동산의 매매사례가액을 시가로 본다.

상속·증여받은 부동산을 평가할 때 공시가격은 시가확인이 불가능한 경우(예를 들어, 수년간 거래가 없는 임야 등)에만 제한적으로 인정된다. 공시가격은 재산세와 종합부동산세 등 보유세를 부과하기 위해 시가를 반영해서 매년 정부가 고시한 가격일 뿐, 실제 거래시가보다는 현저히 낮기 때문이다.

그런데 시가확인이 어려운 부동산(거래가 드문 소규모빌딩과 초고가 아파트)을 상속받고 시가확인이 불가능하다는 이유를 들어 공시가격으로 신고하는 경우가 많다. 이런 경우 신고한 금액과 시가의 차이가 크다면 국세청에서는 상속세 결정을 내리기 전에 감정평가를 받아 그 금액으로 세금을 결정한다. 그만큼 공시가격에 의한 평가를 허용하지 않는다.

단, 특수한 경우에는 납세자가 스스로 상속부동산에 대한 **감정평가**를 받는 것이 더 유리할 수도 있다. 부동산 상승기에 집값이 올랐다가 다시 하락기에 접어든 경우, 상속 전에는 높은 거래가가 존재했지만 상속개시 당시 집값은 수개월 전보다 떨어진 상태에서 수개월 동안 거래가 없다면 높은 금액으로 확인된 시가보다 낮은 금액으로 감정평가를 받는 것이 더 유리할 수 있다.

이런 경우에는 감정평가서를 첨부해서 평가액을 낮출 수 있는데, 감정평가는 해당 부동산의 공시가격이 10억 원 미만이면 1곳에서 받으면 된다. 그러나 10억 원 이상이면 2군데서 받은 금액의 평균값으로 평가해야 한다.

부동산 가격이 계속 떨어지는 추세라면 최대한 늦춰서 상속세 신고기한인 사망 후 6개월에 임박해서 감정받는 것이 좋다. 감정평가에 들어간 수수료는 상속세 계산시 500만 원까지 과세가액에서 공제해 준다.

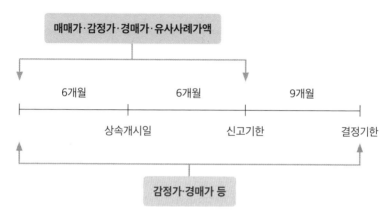

▶ 상속부동산의 평가기간과 평가방법 ◀

▲ 신고한 금액과 시가의 차이가 클 경우 상속세 결정기한까지 국세청이 확인한 감정가액으로 평가함

🖩 상속세 계산구조에 절세법이 숨어 있다

(1) 상속세 과세가액의 계산

상속재산이 평가되면 이들 상속재산에서 **공과금·채무·장례비용**을 빼면 과세가액이 나온다. 과세가액은 상속세를 매기는 대상 금액이라는 뜻이다.

고인이 내지 않은 세금 등 공과금과 채무, 그리고 장례비용은 모두 상속재산에서 다시 나가야 할 돈이다. 따라서 상속세 계산대상에서 제외시킨다.

공제항목 중 **채무의 역할**이 매우 중요하다. 은행대출금이나 전세(임대)보증금 등 갚아야 할 돈을 모두 빼주므로 채무가 많을수록 상속세 부담이 줄어든다. 연예인과 자산가들이 거액의 대출과 임대보증금을 끼워 건물을 사는 것은 장기적인 상속전략이다.

상속재산에서 공제되는 장례비용은 500만 원~1,000만 원까지 공제가 가능하다. 기본적으로 500만 원을 공제받을 수 있으며 500만 원을 초과하는 금액에 대해서는 관련 지출증빙이 있어야 하므로 이를 잘 챙겨두어야 한다.

장례비용과는 별도로 묘지구입비(공원묘지 사용료를 포함한다)·비석·상석 등 봉안시설의 사용에 소요된 금액도 증빙을 갖추면 500만 원을 한도로 추가공제가 가능하다.

(2) 상속세 과세표준의 계산

과세표준은 과세가액에서 여러 가지 공제를 차감한 것인데, 가장 기본적인 것은 배우자상속공제와 일괄공제, 그리고 금융재산상속공제다.

배우자상속공제는 상속재산 중 배우자몫에 대한 공제로서 상속세 결정기한(상속세 신고기한으로부터 9개월)까지 등기·등록이전 등을 통해 배우자가 실제로 상속받은 재산과 배우자의 법정상속지분 중 적은 금액을 공제한다. 즉, 배우자가 아무리 많은 금액을 상속받더라도 민법상의 법정지분(상속인이 배우자와 두자녀일 경우 1.5/3.5)을 초과해서는 배우자상속공제를 받을 수 없다.

게다가 그 금액이 30억 원을 초과할 경우에는 공제한도가 30억 원으로 제한된다. 반면에 배우자가 실제로 상속받은 재산이 법정지분에 미달한다면 실제 상속받은 재산만큼만 배우자상속공제를 받을 수 있다.

예를 들어, 순상속재산(피상속인이 내야 할 공과금과 채무를 차감한 금액임)이 35억 원이고 상속인이 배우자와 두 자녀일 때 배우자에게 10억 원의 재산을 상속한 경우에는 배우자가 상속받은 10억 원과 법정상속지분 15억 원(35억 원 × 1.5/3.5) 중 적은 금액인 10억 원을 공제받지만, 배우자의 법정지분에 해당하는 15억 원을 상속할 경우에는 15억 원 전액을 공제받을 수 있다. 만약 배우자의 실제 상속분이 25억 원이라고 해도 배우자상속공제는 법정지분인 15억 원으로 제한된다.

따라서 배우자상속공제를 최대한 받기 위해서는 법정지분까지 배우자에게 상속하는 것이 좋다. 만약 상속재산이 적어서 배우자의 법정지분이 5억 원 미만이거나, 실제상속분이 5억 원 미만이라도 5억 원을 공제한다. 나아가 배우자가 상속을 포기하고 자녀만 상속받더라도 최소 5억 원을 공제해준다.

일괄공제는 상속인 중 자녀 몫에 대한 공제로서 자녀수에 상관없이 무조건 5억 원을 공제해 준다. 따라서 배우자상속공제의 최소 금액 5억 원과 일괄공제 5억 원을 더한 10억 원이 상속세의 면세점이 되는 셈이다. 즉, 배우자가 있는 경우 상속재산이 10억 원 이하라면 상속세가 없다는 뜻이다.

금융재산상속공제는 상속재산 중 금융재산(예금·주식·보험금 등)이 있는 경우 그 금액의 20%를 공제해주는 것이다. 금융재산은 부동산과 달리 평가과정에서 감액이 아예 불가능하다. 즉, 그 금액의 100%가 고스란히 상속재산에 포함되므로 이를 감안해서 20%를 감액해주는 것이다. 단, 공제한도는 2억 원이므로 금융재산 총액 10억 원까지만 혜택을 볼 수 있다.

▶ 상속세 과세표준 계산흐름 ◀

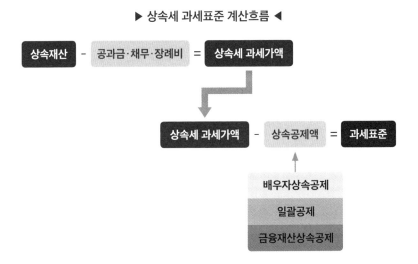

📋 상속세는 누가, 얼마나, 어디에, 언제까지 신고하는 것일까?

　어느 날 갑자기 닥쳐온 부모의 사망은 자녀에게는 큰 충격으로 다가온다. 하지만 고인의 재산정리와 상속세 신고는 자녀에게 남겨진 과제다. 상속재산을 확인하고 이를 나눈 후(부동산의 경우 상속으로 인한 소유권이전등기를 마쳐야 한다)에 상속세를 신고해야 한다. 기한내에 신고하면 신고세액공제(3%)도 받을 수 있다.

　상속세는 고인이 사망한 달의 말일부터 6개월 이내에 고인의 주소지관할 세무서(요즘은 국세청 홈택스로 신고하는 것이 일반화되어 딱히 의미는 없다)에 신고하고 납부해야 하며, 신고하지 않을 경우 미신고에 따른 가산세 20%와 납부지연에 따른 가산세가 추가된다. 상속세를 내야 하는 사람은 상속인인데, 재산을 분배하기 전에 물려받은 예금 등 금융자산으로 내거나, 재산 분배후 각자 받은 상속재산에 비례해서 내면 된다.

　한편, 상속세를 납부할 돈이 없거나 모자라는 경우에는 물납과 연부연납을 활용하면 되는데, 세금납부는 미루더라도 일단 신고는 먼저 해두는 것이 유리하다. **신고세액공제**는 실제 세금납부와 상관없이 기한 내에 신고만 해도 받을 수 있기 때문이다.

　이렇게 제때 신고를 마쳤더라도 다른 세금과 달리 최종적인 세금은 국세청이 결정한다. 즉, 신고한 이후 국세청의 결정을 기다려야 하는데, 이때 국세청에서는 주로 상속재산의 누락여부는 물론 상속재산의 평가와 공제받은 채무가 맞는지 등을 조사하고 확인한다.

결정은 신고기한 경과후 9개월 이내에 이루어져서 상속인에게 통지된다. 예를 들어, 고인이 2월에 사망했다면 8월 말까지 상속세를 신고·납부해야 하며, 이후 내년 5월말까지 최종 결정이 내려지는 셈이다. 결정통지서의 금액이 당초 신고한 것과 같다면 그대로 종결되지만 재산누락이나 평가과정에 오류가 있을 경우에는 추가 납부세액이 고지될 수도 있다.

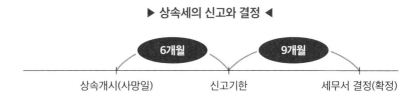

▶ **상속세의 신고와 결정** ◀

상속세율은 과세표준의 크기에 따라 최저 10%에서 최고 50%에 이르는 초과누진세율이다. 그리고 이 세율은 증여에도 동일하게 적용된다. 세법에서는 상속과 증여를 재산의 무상이전이라는 관점에서 동일하게 보기 때문이다. 따라서 세율면에서는 유산총액에 매기는 상속보다 매 증여건별로 과세표준이 쪼개지는 증여가 더 유리하다.

단, 손자녀처럼 상속인이 아닌 자에게 상속·증여하는 경우에는 세액의 30%를 할증하여 부과한다.

과세표준	세율	누진공제액
1억 원 이하	10%	0
1억 원 초과 5억 원 이하	20%	1,000만 원
5억 원 초과 10억 원 이하	30%	6,000만 원
10억 원 초과 30억 원 이하	40%	1억 6,000만 원
30억 원 초과	50%	4억 6,000만 원

▲ 상속세 과세표준이 15억 원일 경우 산출세액
= (15억 원 × 40%) - 1억 6,000만 원 = 4억 4,000만 원

🖩 상속받은 부동산, 바로 팔았다가는 세금폭탄을 맞을 수 있다

부동산을 상속받으면 상속인들이 서둘러 이를 처분하는 경우가 많은데, 아무리 급해도 신고기한 경과후 9개월, 즉 상속세 결정이 내려지기 전에는 처분하지 않는 것이 좋다. 왜냐하면 상속받은 부동산을 팔 때는 반드시 양도소득세를 신고해야 하는데, 이때 국세청에서 처분금액으로 시가를 확인할 수 있기 때문이다.

만약 상속세를 신고할 때 평가했던 금액보다 더 높은 금액으로 처분한 경우에는 실제 처분한 금액으로 상속재산이 다시 평가되어 상속세가 늘어날 수 있다. 또 상속받은 부동산을 담보로 돈을 빌리는 것도 자제하는 것이 좋다. 이 경우에도 담보자산의 가치평가과

정에서 당초 신고했던 금액보다 높게 평가될 수 있기 때문이다.

한편, 상속받은 부동산의 양도소득세를 계산할 때 보유기간계산법은 세율을 적용할 때와 장기보유특별공제를 계산할 때 그 기준이 각각 다르다. 부동산의 보유기간이 2년 미만이면 양도소득세를 단일세율로 중과세하는데, 상속받은 부동산은 돌아가신 피상속인이 취득한 시점부터 보유기간을 따지는 것이므로 상속부동산을 양도하더라도 2년 미만의 단기양도로 중과세되는 일은 거의 없다.

그러나 장기보유특별공제를 적용하기 위한 보유기간을 따질 때는 사망일(상속개시일)로부터 보유기간을 계산하므로, 상속인이 보유한 기간에 대해서만 장기보유특별공제를 받을 수 있다.

예를 들어, 피상속인이 20년 전에 샀던 상가를 상속받은 자녀가 상속받은 지 1년만에 파는 경우, 양도소득세 적용세율은 총보유기간이 2년 이상이므로 중과세없이 기본세율(6~45%)을 적용받지만, 상속인이 보유한 기간은 3년 미만이므로 장기보유특별공제를 받을 수 없다.

🖩 유산이 많을 경우 상속받은 이후에도 조심해야 한다

상속재산이 많은 **고액상속**의 경우에는 상속세 신고 이후에도 국세청에서 지속적으로 상속인들의 재산증가 여부를 추적해서 상속재산의 탈루 여부를 점검하는데, 현재 세법상 고액상속의 기준은 상속재산이 30억 원 이상인 경우를 말한다.

지금의 화폐가치로 따지면 너무 낮은 수준인데, 이런 경우에는 상속개시 후 5년 이내에 상속인이 보유한 부동산, 금융재산, 서화·골동품, 기타 유형재산 등의 가액이 상속개시 당시에 비해 현저히 증가했는지를 매년 체크해서 상속세 신고 당시 결정된 과세표준과 세액에 탈루나 오류가 있었는지를 따지게 된다. 물론 증가한 재산에 대해 상속인이 자금출처를 따로 입증하는 경우에는 전혀 문제가 없다.

따라서 일단 사후관리대상에서 제외되려면 상속재산이 30억 원을 넘지 않는 것이 바람직하지만, 그렇지 않다면 사후관리를 염두에 두고 상속개시 이후 5년간은 상속인들의 재산증가와 관련한 자금출처의 소명자료를 미리 확보해 두는 것이 안전하다. 자금출처에 대한 입증책임은 항상 납세의무자에게 있기 때문이다.

📋 상속세 절세를 위해 미리미리 준비해야 할 일

자신의 사망시기를 정확히 예측하는 것은 불가능하지만, 나이가 들수록 보유재산을 조정하는 노력이 필요하다. 나이를 들어감에 따라 본인의 보유재산 구성을 재조정(리밸런싱)하는 것은 자신의 은퇴설계와도 관련된다. 일반적으로 은퇴시점을 기준으로 부동산과 금융자산의 비중을 5:5로 유지하는 것이 안정적인 현금흐름 창출면에서 가장 바람직하다.

아울러 상속에 대비해 서서히 증여를 실행해 나가거나, 증여세가 부담된다면 보유자산을 처분해서 현금화한 후, 이를 미리미리 순차적으로 상속인에게 이전하는 것을 고려해야 한다.

이 경우 재산이전을 실행하려는 의지가 무엇보다 중요하다. 미리 상속하겠다는 의지는 절세효과보다 더 우선한다. 절세효과면에서 사전증여가 유리하다는 점을 잘 알고 있다 하더라도 증여자의 증여의지가 없어서 실행이 안된다면 결국은 아무 소용이 없기 때문이다.

또한 부동산을 사전증여할 때는 항상 증여세와 양도소득세를 비교해서 결정해야 한다. 증여세가 양도소득세보다 많다면 차라리 팔아서 현금성자산을 증여하는게 더 유리하기 때문이다.

02

재산을 미리 물려받으면
증여세를 낸다

📋 증여세는 계산구조가 단순하다

    증여세는 상속세에 비해 공제해주는 것이 거의 없기 때문에 세금계산구조가 아주 단순하다. 증여재산(증여자로부터 받은 재산)에서 증여재산공제를 차감한 것이 과세표준이다.

    단, 증여재산에는 이번에 증여받은 것뿐만 아니라 과거 10년 이내에 동일한 사람으로부터 받은 증여재산을 합산한다. 또한 신고한 증여재산 이외에 세법에서 증여로 보거나(**간주증여재산**이라고 함), 의심(**추정증여재산**이라고 함)되는 금액을 포함시킨다. 과세표준에 적용되는 세율은 상속세와 같다.

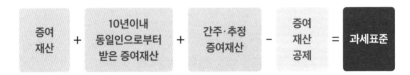

증여세 없이 증여할 수 있는 금액은?

증여재산에서 공제해주는 금액을 **증여재산공제**라고 한다. 공제 금액은 증여받은 사람, 즉 수증자가 누구인가에 따라 다음과 같다.

- 배우자인 경우 : 6억 원
- 성년인 직계비속(자녀나 손자녀 등)인 경우 : 5,000만 원
- 미성년인 직계비속(자녀나 손자녀 등)인 경우 : 2,000만 원
- 직계존속인 경우 : 5,000만 원
- 기타 친족(4촌 이내의 혈족, 3촌 이내의 인척)인 경우 : 1,000만 원
- 혼인·출산한 자녀인 경우 : 1억 원(혼인·출산 중 한번만 공제하며, 혼인 전·후 2년 이내, 출산후 2년 이내에 증여해야 함)

예를 들어, 부모가 자녀(성년)에게 6,000만 원을 증여했다면 증여 재산공제 5,000만 원을 뺀 1,000만 원이 증여세를 매기는 과세표준 이다. 증여재산공제는 증여받을 때마다 매번 공제하는 것이 아니며

수증자별로 10년간 공제가능한 금액이다. 따라서 증여받은 후 10년이 지나야 동일한 금액을 다시 공제받을 수 있다.

즉, 성년자녀인 경우 자신의 모든 직계존속으로부터 공제받을 수 있는 10년간의 총한도가 5,000만 원이라는 뜻이다. 예를 들어, 5년 전 직계존속인 아버지로부터 증여받을 때 5,000만 원을 이미 공제받았는데, 이번에 직계존속인 어머니 또는 할아버지로부터 또 증여받았다면 아직 10년이 안지났으므로 더이상 공제를 받지 못한다.

📑 가급적 빨리, 10년마다 증여해야 하는 이유

증여는 상속과 달리 횟수에 상관없이 언제든지 할 수 있으므로 수회에 걸친 분산증여로 세금을 회피할 수 있다. 따라서 증여받은 후 같은 사람으로부터 10년 이내에 다시 증여받은 경우에는 이전의 증여금액과 **재증여한 금액을 합산**한 것을 증여재산으로 본다. 따라서 합산한 금액이 증여재산공제액보다 많으면 초과액에 대해 증여세를 내야 한다. 이 경우 증여자와 수증자가 모두 같은 사람일 때만 합산한다. 단, 증여자가 부모일 경우 부모는 같은 사람으로 본다.

결국 동일인으로부터 받은 증여재산에 대해 합산과세를 당하지 않으려면 한 번 증여한 후 10년이 지나야 하며, 증여재산공제를 10년마다 반복해서 받으려면 가급적 빨리 증여를 실행하는 것이 유리하다.

예를 들어, 성년인 자녀가 5년 전에 아버지로부터 6,000만 원을 증여받고 이번에는 어머니로부터 4,000만 원을 증여받았다면 같은 자녀가 동일인(부모는 같은 사람으로 봄)으로부터 10년 내에 재증여받은 것이므로 5년 전의 증여와 이번 증여를 합산한 1억 원을 이번에 증여받은 재산으로 본다.

따라서 증여재산공제 5,000만 원을 뺀 5,000만 원에 대해 증여세가 부과된다. 그런데 5년 전의 증여금액을 합산하려면 당시 증여신고가 있었어야 가능할텐데, 만약 5년전에 증여신고를 하지 않았다면 재증여의 합산은 쉽지 않을 것이다.

📄 증여세 신고를 꼭 해야 하나요?

증여신고를 하는 것은 신고의무자인 수증자가 증여자의 재산을 이전받았음을 국세청에 알리고 이에 따른 세금을 내기 위함이다. 그런데 모든 국민의 재산이전내역을 국세청이 일일이 확인하기는 어렵다. 부동산증여는 증여를 원인으로 하는 소유권이전등기(명의변경)를 통해 증여사실이 국세청에 노출되므로 증여세 신고를 안할 수가 없다.

그러나 현금성자산이나 등기·등록 등을 통한 명의이전절차가 없는 고가의 골동품·미술품·귀금속 등은 증여로 인한 재산이전사실을 국세청이 확인하기 어렵다보니 대부분 증여신고를 하지 않는다.

그럼에도 불구하고 수증자가 향후 부동산 등 재산취득을 하고 이에 대한 자금출처소명에 대비하기 위해서라면 증여신고를 통해 소명자료를 미리 만들어 두는 것이 좋다. 또는 증여자의 나이가 많아 향후 10년 이내에 상속이 개시될 것으로 예상되는 경우라면 증여받은 후 가급적 신고를 하는 것이 안전하다. 사전증여한 재산을 상속재산에 합산하기 위해 피상속인의 사망전 10년 이내의 재산변동을 체크하는 과정에서 증여사실이 드러날 가능성이 높은데다, 신고를 하지 않은 경우 증여세추징은 물론 가산세까지 부담해야 하기 때문이다.

더불어 보유하는 재산의 가치가 앞으로 상승할 것으로 예상되면 증여세 신고를 통해 재산가치를 증여당시의 금액으로 묶어두는 것도 바람직하다. 왜냐하면 10년 이내의 사전증여재산을 상속재산에 합산할때는 과거 증여당시에 평가하고 신고한 금액으로 합산하기 때문이다. 결국 증여신고여부는 이런 개인적인 필요에 따라 달라진다.

📇 증여세를 내지 않아도 되는 것이 있다던데요?

증여세에도 세금을 매기지 않는 비과세항목이 있다. 사회통념 상 인정되는 **피부양자**의 생활비, 치료비, 교육비, 그 밖에 이와 유사한 것으로서 학자금·장학금·축하금·부의금·혼수용품 및 불우한 자를 돕기 위하여 언론기관을 통해 증여한 금품 등은 증여세를 부과하지 않는다.

부모가 자녀에 대한 해외유학경비 등 교육비를 지원한다든지, 소득이 없는 자녀에게(반대로 자녀가 소득이 없는 부모에게) 매월 일정액을 생활비로 보내준 것들이 이에 해당한다. 이 경우 중요한 요건은 수증자가 증여자의 피부양자라야 한다는 점이다.

따라서 비과세되려면 수증자가 소득능력이 없어야 하며 증여자는 민법상 부양의무자라야 한다.

예를 들어, 아들의 경제적 능력이 있음에도 불구하고 아들의 자녀인 손자녀의 해외유학경비를 할아버지가 대신 준다면 손자녀는 할아버지의 피부양자가 아니므로 증여세 비과세대상이 아니다.

아울러 그 금액이 사회통념상 인정되는 범위를 벗어나면 안된다. 아무리 증여자가 부양의무가 있다고 하더라도 피부양자에게 거액의 생활비나 혼수용품을 제공하는 경우, 또는 받은 돈을 사용하지 않고 자산을 취득(전세보증금·주택취득자금 등)하는 경우에는 증여세가 부과될 수 있다.

🗒 국세청에서 PCI 시스템으로 다 들여다보고 있다

부모가 소득이 없는 자녀에게 용돈이나 생활비를 주는 것은 증여세를 비과세한다. 하지만 여기에도 사회통념상 인정되는 범위내라는 단서가 붙는다. 터무니 없는 금액을 용돈이라고 주면 이는 명백히 증여에 해당한다.

게다가 돈을 받는 사람이 증여자가 부양의무를 가지고 있는 피부양자여야 하는데, 소득이 있어서 스스로 생계유지가 가능한 자녀에게 돈을 준다면 비과세받을 수 없다. 그래서 대부분 계좌이체보다는 현금을 인출하여 은밀하게 주기도 한다. 아예 부모의 신용(체크) 카드를 사용하게 하기도 한다.

그래서 도입한 것이 **PCI분석**이다. PCI 분석은 재산^{Property}, 소비^{Consumption}, 소득^{Income}의 상관관계를 분석해서 증여여부를 추정(의심)하는 방법을 말한다. 분석 대상자인 개인의 소득은 이미 국세청에서 알고 있다. 그런데 소득의 규모에 비해 재산과 소비지출이 너무 많다면 누가 보더라도 증여를 의심할 수밖에 없다. 또는 국세청에 신고된 소득에 누락(탈세)이 있었다고 의심할 수도 있다.

따라서 재산취득금액과 소비지출금액이 자신의 소득을 초과하는 경우에는 PCI분석 결과에 따라 증여세 조사대상이 될 수 있다는 점을 알고 주의해야 한다.

또한 현금증여 여부를 확인하기 위해 국세청이 금융정보분석원(FIU)으로부터 고액의 현금거래자료를 넘겨받는데, 동일한 금융기관에서 하루에 1,000만 원 이상의 현금을 입금하거나 출금하면 자동으로 금융정보분석원으로 통보된다.

본래 이 제도는 자금세탁방지를 위해 도입한 제도인데, 이 경우 국세청에도 해당 자료가 통보되므로 주의해야 한다. 단, 계좌이체는 통보 대상에서 제외된다.

▶ PCI분석을 통한 증여추정 ◀

▲ 증여추정에 대해서는 당사자가 증여받지 않았음을 적극적으로 소명해야 하며 소명하지 못하면 증여세를 부과한다.

📇 가족간의 계좌이체는 다 걸린다?

증여여부를 확인하기 위해 국세청은 금융정보분석원(FIU)으로부터 고액현금거래를 통보받아 이를 증여세 과세자료로 활용하지만 계좌이체거래는 그 대상에서 제외된다. 이 경우 계좌이체도 그 거래내역을 들여다보고 증여여부를 따져볼 수 있지만, 수많은 계좌이체거래를 확인하기는 불가능하다.

더구나 국세청도 개인의 금융재산 거래내역을 함부로 조회할 수가 없으며 범죄혐의가 있어 검찰의 압수수색영장이 있어야만 가능하다.

다만, 고액상속의 경우 상속세를 결정하기 위한 조사를 진행할 때는 사망 전 고인의 금융거래내역을 국세청이 들여다 볼 수 있다. 사망 전에 사전증여하거나 인출한 재산 등을 상속재산에 포함시켜야 하는 등 정당한 세법집행과정에서 금융거래내역조회가 필요하기 때문이다.

🗒 증여인 듯, 증여 아닌, 증여 같은 상황에 조심하라!

증여세를 회피하기 위한 편법증여를 차단하기 위해 세법에서는 증여거래가 아니더라도 사실상 증여와 동일한 결과를 초래하는 것을 모두 증여로 본다. 세법에서 **증여로 간주**하는 경우는 다음과 같다.

(1) 타인으로부터 공짜로 빌려 쓴 돈의 이자
부모 등 특수관계인으로부터 무이자 또는 낮은 이자율로 돈을 빌리는 경우 세법이 정한 적정이자율과의 차액을 증여받은 것으로 본다. 여기서 적정이자율은 연리 4.6%를 말한다. 예를 들어, 자녀(성년)가 부모로부터 5억 원을 무이자로 빌렸다면 지급해야 할 적정이자는 4.6%인 연간 2,300만 원인데, 주지 않았으므로 이를 증여받은 재산으로 본다.

이 경우 대여기간은 1년으로 보며 1년이 지나도 회수하지 않은 경우에는 1년 이후 재대여가 된 것으로 보아 매년 이를 계산하는데, 성년인 자녀에 대한 증여재산공제액이 5,000만 원이고, 동일인에 대한 10년 이내의 반복증여는 합산하므로 누적된 이자금액이 5,000만 원을 초과하는 3년 째에는 증여세가 부과된다.

▶ 무이자로 빌린 돈에 대한 증여세부과 기준 ◀

▲ 3년후 증여재산총액은 6,900만 원(2,300만 원 × 3년)이 되므로 증여재산공제액 5,000만 원을 차감한 과세표준은 1,900만 원임

단, 소액금전대여거래까지 이를 적용하는 것은 과도한 규제이므로 이로 인한 증여재산금액이 연간 1,000만 원 이상일 때만 증여로 본다. 무이자조건인 경우 대여금액이 2억 1,700만 원일때는 4.6%를 적용해도 이자상당액이 연간 998만 원으로 1,000만 원 미만이다.

따라서 무상으로 대여한 금액이 2억 1,700만 원을 넘지 않는다면 증여세를 내지 않아도 된다. 그렇다고 하더라도 원금을 그냥 준 것(증여한 것)이 아니라 빌려준 것이라고 주장하기 위해서는 반드시 자녀와의 차용계약서를 작성해 두어야 한다.

(2) 계약자와 수익자가 서로 다른 만기보험금이나 사망보험금

만기나 보험사고 발생으로 보험금을 받는 경우, 보험료를 납부한 자(계약자일수도 있지만 실제 납부자가 계약자와 다르다면 납부자를 기준으로 판단한다)와 보험금을 받는 자(수익자)가 서로 다를 경우 보험금수령 시점에 납부자가 수익자에게 보험금 상당액을 증여한 것으로 본다.

예를 들어, 보장성보험이나 저축성보험의 수익자를 자녀로 지정하고 해당 보험료를 부모가 대신 내 준 경우, 자녀가 **보험금을 받을 때** 보험료를 낸 부모가 자녀에게 **보험금을 증여**한 것으로 본다. 따라서 보험계약시에는 반드시 납부자와 수익자를 동일인으로 일치시켜야 한다. 또한 계약자(보험료 납부자)와 피보험자가 동일인이어서 사망보험금이 상속재산에 포함된 경우에는 유족이 받은 보험금에 대해 상속세를 내게 되므로 증여세를 따로 내지 않아도 된다.

(3) 특수관계인 간의 저가매수와 고가매도거래에 따른 이익

부모와 자녀 등 특수관계인 간에 자산을 시가보다 70% 미만으로 싸게 거래하거나 130%를 초과해서 비싸게 거래하는 경우 그로 인해 이득을 본 사람에게 증여세를 매긴다. 즉, 싸게 사거나 비싸게 팔아 넘긴 사람에게 증여세가 부과된다. 단, 시가와 거래가의 차액이 3억 원 이상인 경우에는 비록 차액이 시가의 30%이내라고 하더라도 증여로 본다. 이는 시가와의 차액을 30% 이내까지는 허용하되, 시가가 10억 원이 넘는 자산은 차액을 3억 원 이내까지만 허용한다는 뜻이다.

예를 들어, 부모가 가지고 있던 시가 12억 원인 투자용아파트를 자녀(성년)에게 8억 원에 양도했다면 저가로 매수한 자녀는 4억 원의 이득을 본 셈인데 이를 증여로 보는 것이다. 이때 증여로 보는 금액은 차액 4억 원에서 시가의 30%인 3억 6,000만 원과 3억 원 중 적은 금액을 뺀 금액이므로 증여재산은 1억 원이다.

여기서 증여재산공제 5,000만 원을 차감하면 증여세 과세표준이 5,000만 원으로 10%인 500만 원을 증여세로 부과한다.

따라서 증여에 해당하지 않으려면 시가가 10억 원 미만인 자산은 시가의 70% 이상으로, 시가가 10억 원 이상인 자산은 시가와의 차액이 3억 원을 넘지 않게 거래하는 것이 안전하다. 사례의 경우 시가가 12억 원이므로 9억 원 이상으로 거래했다면 증여에 해당하지 않는다.

추정증여와 우회증여도 그냥 넘기지 않는다

증여추정이란 증여는 아니지만 증여로 의심하는 것을 말하는데,

이 경우 의심받은 당사자가 증여받은 것이 아니라는 것을 적극적으로 증명해야 하며, 이를 증명하지 못하면 증여세를 부과한다.

대표적인 사례가 가족간의 부동산 매매거래다. 세법에서는 배우자 또는 직계존비속간에 매매한 부동산거래를 일단 증여로 추정한다. 이는 배우자나 직계존비속간의 부동산 양도거래를 사실상 증여임에도 불구하고 허위로 매매계약서를 작성하는 등 양도거래로 위장한 것으로 의심한다는 뜻이다.

단, 추정(의심)에 불과하므로 매매계약서가 실제로 존재하고 매수자가 자신의 소득이나 다른 재산처분대금 등으로 금융기관을 통해 대금을 지급한 사실을 증명하는 경우에는 증여로 보지 않는다.

그러므로 소득이 없는 자녀나 배우자 명의로 재산을 취득하는 경우에는 먼저 소요된 자금출처에 대한 증빙을 미리 확보해서 준비해 두는 것이 안전하다. 즉, 소득이 없는 자녀에게는 재산취득에 앞서 소득입증자료를 만들어주는 것이 매우 중요하다.

한편 **우회증여**란 돌고 돌아 결국 증여란 뜻인데, 여러 차례의 거래를 거쳤지만 결국 누군가에게 재산을 증여한 것과 마찬가지의 결과를 가져온 경우 증여세를 부과하는 것을 말한다. 변칙증여의 형태가 워낙 다양해서 모든 유형을 세법에 열거하기 힘들다보니 세법에 구체적으로 열거되지 않은 거래도 경제적 실질이 증여와 유사하다면 모두 증여로 본다.

📠 부동산을 살 때는 국세청의
자금출처조사에 대비하라!

자금출처조사란 재산을 취득하거나 채무를 상환했을 때 그 자금을 다른 사람으로부터 증여받은 것으로 의심이 가는 경우 국세청이 증여세를 과세하기 위해 재산취득 또는 채무상환자금의 출처를 물어보는 것을 말한다.

자금출처조사는 국세청이 나이별로 정해둔 일정기준(30세 미만인 경우 5,000만 원 이상의 재산을 취득하거나 채무를 상환하는 경우 등)에 해당하는 경우에 실시하는데, 주로 소득이 없는 자녀나 전업주부 등이 부동산을 취득, 또는 채무를 상환하거나 거액의 창업자금이 소요되는 사업을 신규로 개시(사업자등록)할 경우 실시한다.

▶ **국세청의 자금출처조사(증여추정배제)기준** ◀

구 분	재산취득		채무상환
	주택	기타재산	
30세 미만인 자	5,000만 원	5,000만 원	5,000만 원
30세 이상인 자	1.5억 원	5,000만 원	5,000만 원
40세 이상인 자	3억 원	1억 원	5,000만 원

그러나 국세청이 정한 일정기준 이상에 해당한다고 하더라도

취득자의 과거 소득자료나 재산처분상황 등에 비추어 증여사실이 의심가지 않는 경우에는 자금출처조사를 생략한다.

반대로 일정기준에 미달하는 경우라 하더라도 증여받은 사실이 구체적으로 확인될 경우에는 증여세를 부과할 수 있다. 다만 이 경우에는 증여사실에 대한 입증책임이 국세청에 있다.

국세청으로부터 자금출처에 대한 소명을 요구받았을 때 당사자가 그에 해당되는 자금의 출처를 소명하지 못하면 취득자금 등을 모두 증여받은 것으로 보아 증여세를 부과한다. 즉, 국세청이 증여받은 사실을 구체적으로 제시하지 못한다 하더라도 소명요구를 받은 당사자가 증여받지 않았음을 적극적으로 입증하지 못하면 증여세를 내야 하는 것이다.

따라서 자금출처조사 소명요구를 받은 사람은 그 취득자금의 출처를 입증해야만 증여세 과세를 피할 수 있다. 이때 자금출처로 제시할 수 있는 증빙은 세법에 구체적으로 열거되어 있는데, 본인이 과거에 신고한 소득이나 신고한 상속·증여재산 및 재산처분대금, 그리고 금융기관의 채무나 전세(임대)보증금 등이 있다. 이를 좀 더 구체적으로 살펴보면 다음과 같다.

❶ 본인 소유재산의 처분시에는 처분대금에서 양도소득세액을 차감한 금액

❷ 이자·배당소득은 지급금액에서 원천징수세액을 차감한 금액

❸ 사업소득은 소득금액(수입금액에서 필요경비를 차감한 것)에서 소득세액을 차감한 금액

❹ 급여소득은 총급여(연봉총액)에서 원천징수세액을 차감한 금액

❺ 퇴직소득은 퇴직금 지급액에서 원천징수세액을 차감한 금액

❻ 재산취득일 이전에 차용한 부채로서 입증된 금액

❼ 재산취득일 이전에 자기재산의 대여로써 받은 전세금 및 보증금

이때 취득한 재산금액 및 채무상환금액의 전액에 대해 자금출처를 소명해야 하는 것은 아니며, 취득금액의 80% 이상만 소명하면 된다. 단, 취득금액 및 채무상환금액이 10억 원을 넘는 것은 2억 원을 제외한 나머지 금액에 대해 전부 소명해야 한다.

예를 들어, 취득한 재산가액이 5억 원이라면 80%에 해당하는 4억 원에 대해서만 자금출처를 소명하면 되지만, 취득한 재산가액이 15억 원이라면 2억 원을 제외한 나머지 13억 원에 대해 자금출처를 소명해야 한다. 또한 취득자금을 미리 증여받은 것이라면 취득자금의 전액에 대해 미리 증여신고가 되어 있어야 한다.

따라서 본인의 급여나 사업소득 등으로 자금출처소명자료가 부족한 상태에서 주택 등 부동산을 취득하는 경우에는 취득한 집을 담보로 은행에서 대출을 받아두는 것이 좋다. 금융기관 채무(❻)는 자금출처로 인정받을 수 있기 때문이다. 다만, 이런 경우 반드시 재

산취득일(잔금일을 뜻함)이전에 대출이 실행됐어야 재산취득자금으로 사용된 것임을 인정받을 수 있다. 전세보증금(❼)을 안고 살 경우에도 그만큼 대출금액과 소명해야 할 금액을 줄일 수 있다.

🖩 자녀명의로 예금한 것도 증여세를 내야 하는지?

〈금융실명거래 및 비밀보장에 관한 법률〉에 따라 실명이 확인된 계좌에 보유하고 있는 재산은 명의자가 그 재산을 취득한 것으로 추정한다. 금융실명제란 모든 금융거래를 본인의 명의로 한다는 것을 뜻하므로 금융자산을 명의자의 것으로 본다는 뜻이다. 그런데 예금명의자가 소득이 없을 경우에는 이를 증여받은 것으로 추정(의심)할 수밖에 없다.

예를 들어, 실제로는 부모의 돈이지만 비과세혜택을 받거나 금융소득종합과세를 피하기 위해 자녀의 명의로 예금했다면 예금 가입시점에서 부모가 자녀에게 이를 증여한 것으로 추정하게 된다.

다만, 추정에 불과하므로 자금출처를 별도로 소명하면 상관없지만 자녀가 소득이 없어 자금출처를 소명하지 못하면 증여세를 매길 수 있다. 그러나 부동산과 달리 수많은 금융계좌에 대한 전반적인 조사를 할 수는 없기 때문에 증여세 조사를 받는 극히 일부 경우를 제외하고는 대부분 증여세 부과로 이어지지는 않는다.

📑 증여세는 누가, 얼마나, 어디에, 언제까지 신고하는 것일까?

증여세는 증여받은 날로부터 3개월 이내에 증여받은 수증자의 주소지관할 세무서(요즘은 국세청 홈택스로 신고하는 것이 일반화되어 딱히 의미는 없다)에 신고·납부해야 하며 이를 하지 않을 경우 미신고에 따른 가산세 20%와 납부지연에 따른 가산세가 추가된다. 증여세의 세율은 상속세와 동일하며 신고에 따른 세액공제(3%)도 동일하다.

이렇게 제때 신고를 마쳤더라도 상속세와 마찬가지로 최종적인 세금은 국세청이 결정한다. 즉, 신고한 이후 국세청의 결정을 기다려야 하는데 이때 국세청에서는 합산과세를 위해 과거 10년 이내에 동일인으로부터 증여받은 사실이 있는지, 증여재산의 평가가 맞는지 등을 조사하고 체크한다.

결정은 신고기한 경과 후 6개월 이내에 이루어진다. 예를 들어, 2월에 재산을 증여받았다면 5월말까지 증여세를 신고·납부해야 하며, 이후 11월 말일까지 세무서의 최종 결정이 내려져서 신고자(수증자)에게 통보된다.

📑 증여받은 재산은 10년이 지난 후에 팔아야 한다

양도소득세가 많이 나올 경우 흔히 사용하는 절세법은 자녀 등 상속인에게 아예 증여해 버리거나, 현재 시가로 증여해서 수증자의 취득금액을 높인 후에 수증자가 양도하는 것이다. 수증자의 취득금액이 비싸지면 그만큼 양도차익이 적어지기 때문이다.

특히 세대가 분리된 자녀에게 증여한 후, 증여받은 자녀가 1세대 1주택 비과세요건(2년 보유(조정대상지역은 2년 거주요건이 추가됨))을 충족한 다음에 팔면 양도소득세를 안내도 된다.

그러나 이 방법은 자녀에 대한 증여재산공제(성년자녀 5,000만 원)가 매우 적기 때문에 증여단계에서 내야 할 증여세가 너무 많다는 점이 걸림돌이다. 증여취득에 따른 취득세도 추가로 부담해야 한다. 하지만 양도소득세가 너무 많을 경우에는 증여세와 취득세를 내더라도 증여가 더 유리할 수 있다.

그런데 배우자에 대한 증여재산공제는 6억 원이나 되기 때문에 자녀보다는 배우자에게 증여했다가 양도하면 증여세 부담액을 더욱 최소화할 수 있다. 단, 이 방법은 배우자가 양도할 경우 여전히 1세대 2주택으로서 양도소득세를 비과세받지 못한다는 점이 걸림돌이다. 그렇지만 증여받은 배우자의 취득가액이 증여 당시의 증여신고가액(훗날 양도를 감안한다면 가급적 높게 신고하는 것이 유리할 것이다)으로 상향조정되므로 훗날 양도시에 그만큼 양도차익이 줄어드는 효과가 생긴다.

이때 주의할 점은 배우자가 증여받은 후 **10년 이내에** 양도할 경

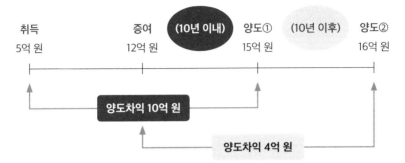

▶ 증여 후 양도자산에 대한 이월과세 ◀

| 취득 | 증여 | (10년 이내) | 양도① | (10년 이후) | 양도② |
| 5억 원 | 12억 원 | | 15억 원 | | 16억 원 |

양도차익 10억 원

양도차익 4억 원

▲ 부동산을 증여받은 배우자와 자녀가 10년이 지나기 전에 양도하면 양도차익을 계산할 때 취득
가액을 증여당시 금액(12억 원)이 아닌 증여자가 취득한 금액(5억 원)으로 적용한다.
하지만 10년이 지난 후에 양도하면 증여로 인한 취득금액, 즉 증여당시 신고된 시가(12억 원)
가 취득금액이므로 양도차익이 줄어든다.

우에는 양도가액에서 차감할 취득금액을 증여받은 시점의 증여신
고가액으로 하지 않고 증여자가 원래 취득한 금액으로 하는데, 이
를 양도소득세 **이월과세**라고 한다. 게다가 증여시점에서 납부한 증
여세도 돌려주지 않고 단지 양도소득 계산시 필요경비에만 추가로
산입해준다.

　따라서 증여받은 부동산은 아무리 급해도 10년은 기다렸다가
양도해야 세금폭탄을 피할 수 있다.

　한편, 해외주식 등 양도소득세 과세대상인 주식을 배우자나 자
녀 등 직계존비속에게 증여한 후, 수증자가 **1년 이내**에 양도한 경우
에도 양도소득을 계산할 때 취득금액을 증여자가 샀던 금액으로 적
용한다.

🗒 자녀가 외국국적이어도 증여세는 못 피한다

증여세는 재산을 증여받은 수증자에게 과세하는 세금이다. 증여받은 수증자가 내국인인 경우에는 증여받은 재산이 국내에 있건 국외에 있건 가리지 않고 증여받은 모든 재산에 대해 증여세를 내야 한다.

그러나 수증자가 외국 국적자인 경우에는 증여받은 재산 중 국내에 있는 재산에 대해서만 증여세 납세의무가 있다. 따라서 수증자인 자녀가 외국 국적을 취득하고 국외재산(해외금융자산 또는 해외부동산)을 증여받으면 증여세가 부과되지 않는다고 생각할 수 있다.

하지만 국내 거주자가 자녀 등 특수관계인인 외국 국적자에게 해외에 있는 재산을 증여하는 경우에는 국제조세조정에 관한 법률 제35조(국외증여에 대한 증여세과세특례)의 규정에 의해 증여자가 증여세를 납부해야 한다. 그리고 이런 경우에는 증여세 계산시 증여재산공제를 전혀 받을 수 없다.

물어보기 부끄러워 묻지 못했던 질문

Q1 아버지가 돌아가셔서 사망보험금을 받았는데, 보험금을 받은 사람에게 세금이 나오는지요?

✓ 사망보험금 중 아버지가 계약자로서 보험료를 납입한 경우에는 보험금을 아버지가 남긴 유산으로 보고 상속재산에 합산합니다. 이 경우 보험회사에서 보험금을 지급할 때 국세청으로 지급명세서를 보내기 때문에 상속세를 신고할 때는 반드시 이를 포함시켜야 합니다.

....

Q2 결혼 전부터 일을 그만두고 부모님으로부터 매달 돈을 받고 있습니다. 받은 돈은 대부분 카드대금으로 나가고 있습니다. 현재도 일은 안하고 있고 배우자가 있지만 집에서 육아하면서 받은 돈으로 생활하고 있습니다. 최근 3년 정도를 그렇게 생활하고 있는데 증여세에 해당하나요?

✓ 소득능력이 없는 자녀가 부모로부터 돈을 받아 자산 취득 등 다른 용도로 사용하지 아니하고 오로지 생활비로 사용하는 경우에는 증여세를 부과하지 않습니다.

....

Q3 가족간에 계좌이체하면 증여세가 부과되나요?

✓ 가족간 계좌이체를 증여로 추청(의심)하지는 않습니다. 단, 가장이 사망한 경우 상속재산이 많다면 상속세 조사과정에서 사망전 가장의 금융계좌 거래내

역을 파악합니다. 이때 사용처가 불분명한 계좌이체 등 인출액을 상속재산에 포함시켜 상속세를 과세할 수 있습니다.

Q4 **5년 전에 결혼했습니다. 이번에 아파트를 취득하려고 하는데, 부모님 찬스로 1억 5,000만 원을 증여세 없이 받을 수 있나요?**

✅ 혼인·출산증여재산공제는 1억 원인데, 혼인 전후 2년 이내 또는 출산 후 2년 이내에 증여가 이루어져야 합니다. 이미 혼인한 지 2년이 지났으므로 혼인으로 인한 증여재산공제를 받기는 어렵습니다. 직계비속에 대한 증여재산공제 5,000만 원은 가능합니다.

Q5 **어머니는 돌아가셨고 저는 누나 하나 있습니다. 저는 1남 1녀이고 누나는 3녀 입니다. 아파트를 한 채 가지고 계시는 아버지가 돌아가실 경우 저와 누나는 상속을 받지 않고, 친손자 2명과 외손녀 1명만 아파트를 상속 받으려면 어떻게 해야 하나요?**

✅ 1순위 상속인 아닌 다른 사람(손자녀)이 상속받으려면 상속인 전원의 상속포기서가 있어야 합니다. 그런데 이렇게 후순위 상속권자가 전부 상속받을 경우에는 일괄공제 등 상속공제를 전혀 못받게 됩니다. 따라서 상속재산평가액이 그대로 과세표준이므로 비록 아파트 1채라도 상속세가 나오게 된다는 점을 감안해야 합니다. 더구나 손자녀에게 상속하는 경우 산출세액의 30%를 더 내야 합니다.

올해 부친에게 아파트를 증여받은 후 4개월 뒤에 갑자기 돌아가셨는데, 이미 납부한 증여세를 상속세에서 정산받아 환급받을 수 있는지요?

· 아파트 감정가 : 4억 2,000만 원
· 4월 증여등기완료, 5월 증여세 납부 (취득세 포함 7,000만 원)

✅ 사망전 10년 이내에 이루어진 증여는 비록 당시에 증여신고를 했다고 하더라도 상속재산에 포함하여 상속세로 다시 정산해야 합니다. 따라서 이미 낸 증여세가 상속세보다 더 많다면 상속세신고를 통해 환급받을 수 있습니다.

1억 원을 증여할 경우에 성년인 자녀는 5,000만 원, 미성년인 손자·손녀는 각각 2,000만 원, 사위는 1,000만 원을 공제하는 것으로 알고 있습니다.

❶ 그러면 1억 원을 증여할 때 자녀 5,000만 원, 손자·손녀 각각 2,000만 원, 사위 1,000만 원 총 1억 원을 동시에 한 번에 줄 수 있나요?
❷ 만약 동시에 한 번에 줄 수 있다면 공제를 전부 하게 되는 건지요?

✅ 증여재산공제는 각각의 수증자별로 10년간 공제가능한 금액입니다. 따라서 성년인 자녀는 5,000만 원, 미성년인 손자녀는 각각 2,000만 원, 사위는 1,000만 원을 동시에 주어도 각자 받을 수 있는 증여재산공제금액 이내이므로 증여세는 없습니다.

Q8 부모의 증권계좌에서 자녀계좌로 주식을 이관하면 증여세를 내야 하나요?

✔ 증권계좌를 통해 주식 등이 계좌 간 이체(개인에게 이체된 경우로 한정한다)된 경우에는 그 이체내용(수량·종목·이체한 자와 이체받은 자의 성명 등)을 증권회사가 관할 세무서장에게 제출해야 하므로 이를 통해 증여세가 부과될 수 있습니다.

Q9 아버지는 먼저 돌아가셨고 8월에 어머니가 돌아가시면서 외동딸이라 단독상속을 받았습니다. 임대아파트 보증금으로 4,000만 원, 보험회사에서 사망보험금으로 3,000만 원, 은행예금 200만 원을 모두 제 통장으로 받았습니다. 모두 다하면 7,200만 원 정도 상속받았는데 상속세가 있나요? 그리고 상속세 신고를 꼭 해야 하나요?

✔ 상속재산금액이 일괄공제금액 5억 원에 미달하므로 상속세는 없습니다. 그리고 이런 경우 어차피 산출세액이 0원이므로 신고를 안해도 불이익은 없습니다.

Q10 부친이 돌아가셨는데 7년 전에 형제 중 저만 증여세를 1,800만 원을 내고 증여받은 사실이 있습니다. 이번 상속세 계산시 이 증여세를 총 상속세에서 공제한 후 상속비율대로 나누는 건지, 아니면 총 상속세 중 제가 내야 할 상속세에서 공제하는건지 궁금합니다.

✔ 상속전 10년 이내에 이루어진 증여재산은 상속재산에 합산합니다. 다만, 사

전에 증여받은 재산은 여전히 수증자의 재산으로 인정되는 것이며, 상속재산이라고 해서 이를 상속인들이 다시 나누는 것은 아닙니다. 단지 상속세 계산 과정에만 포함되는 것이며, 증여 당시 납부한 1,800만 원의 증여세는 상속세 총액에서 공제해 줍니다.

이렇게 전체 상속세에서 차감되는 것이며, 질문자의 개인 상속세 몫에서만 차감되는 것이 아닙니다. 즉, 질문자가 납부한 증여세 1,800만 원을 전체 상속세에서 공제한 후, 내야 할 상속세를 각자 상속받은 금액 비율에 따라 나누어 부담하게 됩니다. 또는 1,800만 원을 공제한 상속세를 상속받은 재산(예금)에서 납부하고 나머지 재산을 상속받은 비율대로 나누어도 결과는 마찬가지입니다.